외국인 투자상담

kotra

Q&A

Contents

I. 외국인투자 정의 · 절차

- 정의 -

- 사례 01 비영리법인에 대한 외국인출연 …………………………………… 08
- 사례 02 상법개정과 최저 외국인투자금액 ……………………………… 09
- 사례 03 외국투자조합(펀드)의 외국인투자기업 설립 ………………… 10
- 사례 04 국내거주 화교의 투자 …………………………………………… 10
- 사례 05 지주회사(페이퍼컴퍼니)를 통한 투자 ………………………… 11
- 사례 06 외국인의 회사형 펀드에 대한 투자 …………………………… 12
- 사례 07 외국인의 프로젝트금융회사(PFV)에 대한 투자 …………… 13
- 사례 08 외국인의 주식예탁증서 소유 …………………………………… 15
- 사례 09 외국인투자비율 미달시 외국인투자 요건 …………………… 15
- 사례 10 우선주취득과 외국인투자비율 산정 ………………………… 16
- 사례 11 외국법인(비거주자)의 국내지사 설치 ………………………… 17
- 사례 12 신주인수권 행사와 외국인투자 ……………………………… 19

- 출자목적물 -

- 사례 13 포트폴리오 투자로 발생한 이익의 출자 ……………………… 20
- 사례 14 외국소재 한국계은행에서 조달한 자금으로 출자하는 경우 … 20
- 사례 15 약속어음이나 신용장의 출자 …………………………………… 21
- 사례 16 중고자본재의 현물출자 ………………………………………… 21
- 사례 17 자본재의 범위 …………………………………………………… 25
- 사례 18 특허권의 현물출자 ……………………………………………… 26
- 사례 19 컴퓨터 프로그램 저작물의 현물출자 ………………………… 27
- 사례 20 산업재산권 평가기관 …………………………………………… 28
- 사례 21 국내부동산의 현물출자 ………………………………………… 29
- 사례 22 대부채권의 현물출자 …………………………………………… 30
- 사례 23 차입금의 출자전환 ……………………………………………… 30
- 사례 24 상계에 의한 출자전환 …………………………………………… 31

- 장기차관 -

- 사례 25 장기차관 기간 계산 ……………………………………………… 32
- 사례 26 5년 이상의 장기차관을 중도상환하는 경우 ………………… 33
- 사례 27 5년 이상의 기간으로 연장한 대부계약 ……………………… 33

사례 28	외국인투자기업이 외국에 공동투자한 회사로부터 5년 이상 장기차관을 도입하는 경우	34
사례 29	대여금 채권의 제3자 양도	35
사례 30	국내차입자금으로 제공하는 5년 이상 장기차관	36

- 절차 -

사례 31	투자자금 송금방법	37
사례 32	제3자 명의로 해외에서 송금 받은 경우	38
사례 33	주식회사 설립비용	38
사례 34	외국인투자기업 등록	39
사례 35	외국인투자기업 부분등록	40
사례 36	국내기업과 외국인투자기업의 흡수합병시 행정절차	41
사례 37	외국인투자와 기업결합 신고	42
사례 38	보유중인 외국인투자기업의 주식으로 현물출자시 외국인투자 절차	44

- 투자금회수·재투자 -

사례 39	외국투자가에 대한 대외송금의 보장범위	45
사례 40	외국투자가의 주식 장외거래 처분 가능여부	45
사례 41	주식매각 대금의 원화수령 가능여부	46
사례 42	주식양도 또는 자본감소에 따른 외국인투자기업 등록 말소여부	47
사례 43	주식양도 또는 자본감소 후 투자에 대한 외국인투자 인정여부	47
사례 44	유상감자로 받은 원화자금을 재투자하는 경우	48
사례 45	외국인투자기업 청산재산을 재투자하는 경우	49
사례 46	배당금을 재원으로 유상증자를 한 경우	49
사례 47	외국인투자기업의 이익잉여금을 재투자하는 경우	50

- 투자제한업종 -

사례 48	외국인의 택지개발 공급업 영위 가능여부	51
사례 49	외국인의 마사지업 영위 가능여부	51
사례 50	외국인의 해외환자 유치사업 영위 가능여부	52
사례 51	외국인의 영리목적 교육기관에 대한 투자 허용여부	53
사례 52	외국인의 자동차 할부금융업에 대한 투자 허용여부	53
사례 53	외국인투자기업의 육류도매업 주식 취득 허용여부	55

Contents

II. 외국인투자에 대한 지원

- 일반 -

사례 54	외국인투자기업의 단기 외화자금 차입	58
사례 55	외국인투자기업의 이익배당 상한특례	59
사례 56	외국인학교 설립 지원	60
사례 57	창업중소기업에 대한 조세감면	62
사례 58	외국인투자와 Round trip	67
사례 59	해외진출기업의 국내복귀(U-TURN 투자)에 대한 조세감면	70
사례 60	외국인 기술자에 대한 조세혜택	72
사례 61	국내원천 고도기술에 대한 조세감면 여부	73
사례 62	증자등기에 대한 등록면허세의 조세감면 여부	74
사례 63	외국인투자기업의 증자시 조세감면 기산일	75
사례 64	사업개시 전 이자수익 발생시 조세감면 기산일	76
사례 65	외국인투자가가 변경된 경우 조세감면결정의 효력	77
사례 66	외국인투자기업이 조세감면 적용받던 중 일부 사업을 내국법인에게 양도한 경우	78
사례 67	자본재에 대한 관세 등의 면제 기간	81

- 외국인투자지역 -

사례 68	외국인투자지역 지정을 위한 사업영위시설의 새로 설치 요건	83
사례 69	순수국내기업의 외국인투자지역 입주 요건	84
사례 70	단지형 외국인투자지역 입주 업종	85
사례 71	단지형 외국인투자지역 입주면적 한도	85

- 경제자유구역 -

사례 72	경제자유구역 내 조세감면 대상 서비스 업종	86
사례 73	경제자유구역 내 7년형 조세감면 가능여부	87
사례 74	경제자유구역 내 외국인카지노 허가 요건	88
사례 75	경제자유구역 내 외국교육기관 설립 가능여부	91
사례 76	경제자유구역 내 외국의료기관 개설 가능여부	92
사례 77	제주특별자치도 내 외국의료기관 개설 가능여부	94

III. 외국인투자기업 경영

– 인사 · 노무 –

사례 78	사회보험	96
사례 79	법정 근로시간	97
사례 80	연장근로수당	97
사례 81	최저임금	98
사례 82	퇴직금	99
사례 83	법정휴일	99
사례 84	연차휴가	100
사례 85	취업규칙	101
사례 86	노사협의회	102
사례 87	기간제 근로자	103
사례 88	파견 근로자	103
사례 89	대체휴일제	104
사례 90	출산전후휴가	105
사례 91	수습기간	105
사례 92	선택적보상휴가제	106

– 토지취득 –

사례 93	외국인의 국내 토지 취득시 유의사항	107
사례 94	외국인의 부동산 취득 절차	107
사례 95	외국인의 토지취득 신고의무	109
사례 96	외국법인 국내지사의 토지취득	109
사례 97	임원의 과반수 이상이 외국국적인 국내법인의 토지취득	110
사례 98	외국인지분율 50% 이상의 국내법인의 토지취득	110
사례 99	외국인의 토지분할	111

– 세무 · 회계 –

사례 100	외부감사 의무	112
사례 101	개인사업자와 법인사업자의 세무	113
사례 102	둘 이상의 사업장이 있는 경우 타사업장 반출시 부가가치세	114

Contents

사례 103	외국사업자 등에 대한 부가가치세 환급	115
사례 104	수입하는 재화에 대한 부가가치세	116
사례 105	주류 수입시 발생하는 세금	117
사례 106	과소자본세제	118

IV. 외국인생활

사례 107	외국인 등록	120
사례 108	체류자격 변경	120
사례 109	체류기간 연장	122
사례 110	외국인의 건강보험 가입 의무	124
사례 111	외국인 인감신고	126
사례 112	운전면허	128
사례 113	외국인등록사항 변경 신고의무	129
사례 114	체류지 변경 신고 의무	130
사례 115	영·유아 복지 제도	130
사례 116	임신·출산 진료비 지원	131
사례 117	외국인등록증의 반납	132
사례 118	외국인의 소득세 신고	133
사례 119	휴대폰 분실	133
사례 120	긴급의료전화	134
사례 121	국내 신용카드 발급	135
사례 122	한국어강좌	135
사례 123	외국인의 휴대폰 가입	136
사례 124	외국투자가의 영주자격 신청	138
사례 125	외국인투자기업 법인등기 시 외국공문서 공증확인	139
사례 126	외국투자가를 위한 출입국 우대제도	141

Korea Trade-Investment Promotion Agency

I. 외국인투자 정의 · 절차

정의

사례 01 비영리법인에 대한 외국인출연

 외국인도 비영리법인에 대한 출연이 가능한가?

 가능함. 다만, 일정한 요건을 충족시켜야 함

보충설명

■ 외국인의 비영리법인 출연은 다음 2가지 경우에 가능함

① 외국인이 「외국인투자촉진법 시행령」에 따라 과학기술 분야의 대한민국법인(설립 중인 법인 포함)으로서 연구인력·시설 등에 관하여 다음 기준에 해당하는 비영리법인과 지속적인 협력관계를 수립할 목적으로 그 법인에 출연하는 것[1]
  ○ 독립된 연구시설을 갖출 것
  ○ 다음 중 어느 하나에 해당할 것
    - 과학기술 분야 학사학위 소지자로서 3년 이상 연구경력을 가지거나 과학기술 분야 석사학위 이상의 학위를 가진 연구전담인력의 상시 고용규모가 5명 이상일 것
    - 고도의 기술을 수반하는 사업[2]을 위한 연구개발 활동을 수행할 것

② 외국인의 비영리법인에 대한 출연으로서 비영리법인에의 출연금액과 비영리법인의 사업내용 등이 다음 기준에 부합하는 경우로서 외국인투자위원회가 외국인투자로 인정하는 것[3]
  ○ 출연금액이 5천만 원 이상 일 것

---

1) 「외국인투자촉진법」 제2조 제1항 제4호 다목, 「외국인투자촉진법 시행령」 제2조 제5항
2) 「조세특례제한법 시행령」 제116조의2 제1항 제2호
3) 「외국인투자촉진법」 제2조 제1항 제4호 라목, 「외국인투자촉진법 시행령」 제2조 제6항

○ 출연하려는 비영리법인이 사업목적이 다음 중 어느 하나에 해당할 것
  - 학술, 예술, 의료 및 교육진흥 등을 목적으로 설립된 비영리법인으로서 해당 분야의 전문인력 양성 및 국제 간 교류 확대를 위한 사업을 지속적으로 하는 경우
  - 민간 또는 정부 간 국제협력사업을 수행하는 국제기구의 지역본부인 경우

〈참고〉 비영리 연구개발 법인에 대한 외국인 출연 사례

외국인투자기업	출 연 자	소 재 지	설립일
(재)씨윗코리아	뉴욕 주립대 Stony Brook University 산하 연구소 CEWIT	인천광역시 연수구 송도	'10.2.9.
(재)제이씨비공동생물과학 연구소	미국 Salk Institute for Biological Studies	〃	'08.6.17.
(재)유타 인하 디디에스 및 신의료기술개발 공동연구소	인하대병원	〃	'09.2.23.
	미국 유타대학		
(재)국제도시 물정보과학연구원	인천대학교	〃	'08.12.23
	프랑스 University of Nice Sophia Antipolis		
	덴마크 DHI Water & Environment		

사례 02 상법개정과 최저 외국인투자금액

 상법개정으로 인하여 주식회사의 최저 자본금 제한 규정이 삭제되었는데 외국인접투자의 경우에도 금액의 제한이 없어진 것인가?

 그렇지 않음. 2009년 5월 상법 개정으로 인하여 자본금 100원인 주식회사 설립도 가능해 졌음. 그러나 외국인투자금액을 규정하고 있는 「외국인투자촉진법」에서는 여전히 외국인투자 최저금액을 1억원으로 규정하고 있음

사례 03 외국투자조합(펀드)의 외국인투자기업 설립

 법인으로 인정될 수 없는 외국의 투자펀드나 조합 등이 「외국인투자촉진법」에 의한 외국인으로 인정 될 수 있는지?

 실질적으로 법인[4]과 같은 기능과 형태를 취하고 있다는 전제 하에 외국인투자의 주체인 외국인에 포함된다고 봄.

보충설명

- 특정 국제협력기구[5]가 외국인투자의 주체로서 외국인에 포함되는지의 여부는 구체적인 사례마다 그 기능과 역할을 통해 건 별로 정리하고 있음

- 외국의 투자조합(펀드)도 법인격 있는 펀드는 국적증명이 되므로 당연히 외국인으로 인정되며, 법인격 없는 펀드의 경우에도 실질적인 자금송금 주체로서 기능을 할 경우 운용주체의 국적증명으로 외국인으로 인정될 수 있음

사례 04 국내거주 화교의 투자

 국내거주 화교도 「외국인투자촉진법」상의 투자주체가 될 수 있는지?

 화교도 투자주체가 될 수 있음

보충설명

- 국내거주 화교에 대해서는 종전에는 출입국관리법 상 거주의 체류자격(F2)를 부여하였으나 현재는 영주 체류자격(F5)을 부여하고 있음[6]

---

4) 「민법」 제3조, 제31조, 제32조 및 제34조, 「상법」 제170조 및 제171조 제1항
5) 「외국인투자촉진법」 제2조 제1항 제1호 취지를 보면 국제협력기구도 외국인으로 보고 있음
6) 「출입국관리법 시행령」 [별표 1]의 제28호의 3

- 그러나 국내거주 화교는 「외국인투자촉진법」상 외국국적을 보유한 외국인에 해당되므로 외국인투자의 주체[7]가 될 수 있으며 단, 투자자금은 국내 원천자금이 아닌 해외에서 그 자금을 도입하는 투자로서 「외국인투자촉진법」상의 일정요건(투자금액, 비율 등)을 충족하여 투자신고 등의 절차를 이행할 경우에 한하여 외국인투자로 인정함

사례 05 지주회사(페이퍼컴퍼니)를 통한 투자

질문 외국인이 국내에 페이퍼컴퍼니(Paper Company)인 지주회사를 세우고 이 지주회사를 통하여 국내법인에 투자하는 경우 외국인투자에 해당되는지?

답변 외국인투자로 인정될 수 없음

보충설명

- 현행 「외국인투자촉진법」은 지주회사가 단지 외국투자가의 투자를 유도하기 위한 고리의 역할을 할 뿐이라 하더라도 지주회사는 국내법인이기 때문에 이를 통한 투자는 외국인투자로 인정 할 수 없음

- 참고로 「조세특례제한법」도 법인세 및 소득세의 면제는 「외국인투자촉진법」상의 외국투자가 및 외국인투자기업을 대상으로 하는 것으로서 외국인이 투자한 지주회사(내국법인)을 통한 투자는 법인세 및 소득세가 면제되는 외국인투자에 해당되지 않는 것으로 유권해석을 하고 있음[8]

---

7) 산업자원부 사이버민원(접수번호 24475호, 답변일시 2002.9.24)
   산업자원부 사이버민원(접수번호 86688호, 답변일시 2004.3.31)
8) 서이 46017－11628, 2002.9.2

사례 06 | 외국인의 회사형 펀드(Mutual Fund)에 대한 투자

  외국인이 국내에 설정된 회사형 펀드(Mutual Fund)에 의결권 있는 주식총수의 10% 이상을 출자를 하는 경우 이를 외국인투자로 인정하는지?

  현행법상 「외국인투자촉진법」의 적용을 배제하므로 외국인투자로 인정받을 수 없음

보충설명

- 「외국인투자촉진법」[9]에 따라 외국인은 국내법인 또는 개인기업에 대한 주식 또는 지분소유의 방법으로 외국인투자를 할 수 있음.

- 그러나, 투자대상회사가 투자펀드인 경우에는 그 투자자금의 빠른 유동성을 고려하여 외국인직접투자로 인정하지 아니하고 「외국환거래법」을 적용하므로, 회사형 투자펀드(Mutual Fund)에 대한 외국인투자는 비록 주식회사의 형태를 취하고 있더라도 「외국인투자촉진법」의 적용을 배제함.

- 한편, 국내의 투자조합의 경우 법인이나 개인기업이 아니기 때문에 이에 대한 출자를 「외국인투자촉진법」상의 외국인투자로 볼 수 없으나, 특별법에 의하여 인정되는 투자조합 중에서 '중소기업창업투자조합이나 한국벤처투자조합'[10] 및 '부품·소재전문투자조합'[11]에 대한 출자는 외국인투자로 보도록 특례규정을 두고 있기 때문에 외국인투자기업으로 인정하고 있음

---

9) 「외국인투자촉진법」 제2조 제1항
10) 「벤처기업육성에 관한 특별조치법」 제8조
11) 「부품·소재전문기업 등의 육성에 관한 특별조치법」 제7조

사례 07 : 외국인의 프로젝트금융회사(PFV)에 대한 투자

 프로젝트금융투자회사(PFV)에 외국인투자가 가능한가?

 특별한 제한이 없으므로 자유롭게 투자가능하며 이미 투자한 사례도 있음

보충설명

■ 프로젝트 금융투자회사 : Project Financing Vehicle(PFV)

○ 부동산 개발사업을 효율적으로 추진하기 위해 설립하는 서류 형태로 존재하는 명목회사(Paper company)로서, Project Financing을 위해 금융기관과 프로젝트 참여기업 등으로 부터 자금 및 현물을 받아 해당 프로젝트를 수행하고 자산의 관리업무는 전문지식을 가진 자산관리자에게 위탁함.

■ PFV 설립 근거 및 요건[12]

① 회사의 자산을 설비투자, 사회간접자본 시설투자, 자원개발, 그 밖에 상당한 기간과 자금이 소요되는 특정사업에 운용하고 그 수익을 주주에게 배분하는 회사일 것
② 본점 외의 영업소를 설치하지 아니하고 직원과 상근하는 임원을 두지 아니할 것
③ 한시적으로 설립된 회사로서 존립기간이 2년 이상일 것
④ 「상법」이나 그 밖의 법률의 규정에 따른 주식회사로서 발기설립의 방법으로 설립할 것
⑤ 발기인·이사·감사는 책임능력과 업무수행능력을 보유할 것
⑥ 발기인 중 1인 이상이 다음 중 어느 하나에 해당하고 발기인이 100분의 5이상의 자본금을 출자할 것
  - 금융회사

---

12) 「법인세법」제51조의2 제1항 제9호 및 「법인세법 시행령」제86조의2

— 「국민연금법」에 의한 국민연금관리공단(「사회기반시설에 대한 민간투자법」에 의한 방식으로 민간투자사업을 시행하는 투자회사의 경우에 한함)

⑦ 자본금이 50억원 이상일 것. 다만, 민간투자사업을 시행하는 투자회사의 경우에는 10억원 이상일 것
⑧ 자산관리·운용 및 처분에 관한 업무를 자산관리회사에게 위탁할 것
⑨ 「자본시장과 금융투자업에 관한 법률」에 따른 신탁업을 영위하는 금융회사 등에 자금관리업무를 위탁할 것
⑩ 법인설립등기일부터 2월 이내에 다음 각목의 사항을 기재한 명목회사설립신고서에 구비 서류를 첨부하여 납세지 관할세무서장에게 신고할 것
 - 정관의 목적사업
 - 이사 및 감사의 성명·주민등록번호
 - 자산관리회사의 명칭
 - 자금관리사무수탁회사의 명칭
⑪ 자산관리회사와 자금관리사무수탁회사가 동일인이 아닐 것

■ 세제지원 내용

○ 법인세 감면 : 프로젝트금융투자회사가 배당가능이익의 90% 이상을 배당하는 경우 그 배당하는 금액을 당해 사업연도의 소득금액에서 공제[13]

〈참고〉 취득세 감면 및 등록면허세 중과배제 조항은 2014년 12월 23일 일몰 삭제됨

〈사례1〉 D프로젝트금융투자(주)
○ 사업내용 : 용산역세권 국제업무지구 - 개발사업
○ 외국투자가 : ASPF II YONGSAN GMBH(독일 MUNICH 소재)

〈사례2〉 (주)B개발
○ 외국투자가 : MACQUARIE CHEONGNA INVESTMENT PTY (호주 SYDNEY)
○ 업종 : 골프장 운영, 단독주택(인천청라지구)

---

13) 「법인세법」 제51조의2 제1항

〈사례3〉 C(주)
  ○ 외국투자가 : PANGAEA BLUE HILL B.V.(네덜란드 Amsterdam)
  ○ 업종 : 인천FEZ 국제업무타운 복합단지 개발

사례 08 외국인의 주식예탁증서 소유

 외국인이 해외에서 유통되고 있는 주식예탁증서(Depository Receipt)를 소유하는 경우 외국인투자로 인정되는지?

 외국인투자로 인정되지 않음

보충설명

- 「외국인투자촉진법」의 규정상[14] 주식예탁증서가 원래 주식으로 교환될 경우, 「외국인투자촉진법」상 일정요건(투자금액, 비율 등)을 충족하는 경우에 한하여 외국인투자신고를 하도록 규정하고 있음

사례 09 외국인투자비율 미달시 외국인투자 요건

 의결권이 없는 우선주를 10% 미만을 취득하여 임원파견계약 등으로 보완하였을 경우에도 외국인투자로 인정을 받을 수 있는지?

 인정 받음

---

14) 「외국인투자촉진법」 제7조 제1항 제5호

보충설명

- 2004년 1월 개정된 「외국인투자촉진법 시행령」은 종전 '의결권 있는 주식총수 또는 출자총액의 100분의 10 미만을 소유하면서'라는 규정을 삭제함[15]으로써 우선주나 보통주의 구분없이 주식이나 지분을 소유하면서 임원파견계약 등이 있는 경우는 지속적인 경제관계 수립 목적이 있다고 보고 이를 외국인투자로 인정하기로 하였음

- 주의하여야 할 것은 만약 임원파견 또는 선임계약에 따라 정해진 기한까지 주주총회 등에서 임원선임이 이루어지지 못한 경우에는 당연히 외국인투자기업으로서의 지위가 소급하여 상실 된다는 점임

사례 10. 우선주취득과 외국인투자비율 산정

 외국인투자비율에 우선주가 포함되는가?

 포함됨

보충설명

- 외국인투자촉진법 제5조 제1항의 규정에 따르면 외국인투자비율은 외국인투자기업의 주식 등에 대한 외국투자가 소유 주식의 비율을 말한다. 즉, 보통주와 우선주를 구분하지 않고 모든 주식을 포함하여 외국인투자비율을 산정함.

- 유의할 것은 최초 외국인투자 신고시 의결권 없는 우선주만 취득할 경우에는 총주식에 대한 외국인투자비율이 10%를 넘고 1억원 이상 투자하더라도 외국인투자촉진법 외국인투자 요건을 충족하지 못한 것이므로 외국인투자신고 대상이 될 수 없다는 점이며,

---

15) 「외국인투자촉진법 시행령」 제2조 제2항 제2호

- 다만, 이미 외국인투자기업에 등재된 외국투자가가 추가적으로 의결권 없는 우선주를 취득할 경우에는 일종의 증액투자로 간주되어 외국인투자 신고대상이 되므로 투자금액 및 외투비율의 증가요인이 됨.

사례 11 외국법인(비거주자)의 국내지사 설치

 외국법인이 국내에 지사를 설치하려고 하는데 이 경우에도 「외국인투자촉진법」의 적용을 받는가?

 비거주자의 국내지사는 「외국인투자촉진법」을 적용받지 않고 「외국환거래법(외국환거래규정)」을 적용받는 것임

보충설명

- 비거주자의 국내지사의 구분[16]
- ○ 국내에서 수익을 발생시키는 영업활동을 영위하는 "지점"
- ○ 국내에서 수익을 발생시키는 영업활동을 영위하지 아니하고 업무연락, 시장조사, 연구개발활동 등 비영업적 기능만을 수행하는 "사무소"

- 외국기업의 국내지사설치신고[17]
- ○ 비거주자가 국내지사를 설치하고자 하는 경우에는 지정거래외국환은행의 장에게 신고하여야 함.
- ○ 다만, 비거주자가 다음 각호의 하나에 해당하는 업무 또는 이와 관련된 업무의 영위를 목적으로 하는 국내지사를 설치하고자 하는 경우에는 기획재정부 장관에게 신고하여야 함
    - 자금의 융자, 해외금융의 알선 및 중개, 카드업무, 할부금융 등 은행업 이외의 금융관련업무

---

16) 「외국환거래규정」 제9-32조
17) 「외국환거래규정」 제9-33조

- 증권업무 및 보험업무와 관련된 업무
- 「외국인투자촉진법」 등 다른 법령의 규정에 의하여 허용되지 아니하는 업무

■ 신고(변경 신고 포함)
○ 신고서 양식 : 외국환거래규정 별지 제9-8호 서식 "외국기업 국내지사설치 신고서"
○ 첨부서류
 - 본점인 외국법인의 명칭·소재지 및 주된 영위업무의 내용을 증빙하는 서류
 - 다른 법령의 규정에 의하여 그 설치에 관한 허가 등을 요하는 경우에는 그 사실을 증빙하는 서류사본
 - 국내에서 영위하고자 하는 업무의 내용과 범위에 관한 명세서

■ 영업자금 등의 도입[18]
○ 국내지사가 외국의 본사로부터 영업자금을 도입하고자 하는 경우에는 지정거래외국환은행을 통하여 도입하여야 함
○ 국내지사의 지정거래외국환은행의 장은 도입된 영업자금을 매연도별로 다음 연도 2월말까지 한국은행총재에게 보고하여야 하며, 한국은행총재는 이를 금융감독원장에게 통보하여야 함

■ 결산순이익금의 대외송금[19]
○ 설치신고를 한 지점이 결산순이익금을 외국에 송금하고자 하는 경우에는 지정거래외국환은행을 통하여 송금하여야 함
○ 송금신청서: 별지 제9-10호 서식의 외국기업국내지사 결산순이익금 송금신청서
○ 첨부서류
 - 당해 지점의 대차대조표 및 손익계산서
 - 납세증명
 - 공인회계사의 감사증명서(당해 회계기간의 순이익금의 영업자금도입액에 대한 비율이 100분의 100 이상이거나 순이익금이 1억 원을 초과할 경우에 한함)

---

18) 「외국환거래규정」 제9-34조
19) 「외국환거래규정」 제9-35조

사례 12 신주인수권 행사와 외국인투자

 질문 국내기업이 발행한 신주인수권부사채(Bond with Warrant, BW)를 외화로 인수한 외국법인이 신주인수권 행사를 한 경우 외국인투자로 볼 수 있는가?

 답변 외국인투자촉진법 요건을 충족하는 주식취득(1억원이상 & 의결권주식 10%이상 취득)이 이루어지면 외국인투자로 인정될 수 있으며, 외국투자가는 취득후 60일이내 주식 또는 지분취득신고를 하여야 함

보충설명

- 신주인수권부사채는 국내기업이 사채권자(외국인)에게 회사채를 발행할 때 동시에 향후 국내기업이 신주를 발행시 일정한 신주를 인수할 권리도 함께 부여한 사채임(사채권(Bond)과 신주인수권(Warrant)이 결합된 결합형과 분리되어 신주인수권증권을 별도 발행하는 분리형이 있음).
○ 신주인수권을 행사할 때 투자규모가 1억원 이상 이면서 취득 주식수가 의결권주식 10%이상일 경우 외국인투자촉진법 기본요건을 충족하므로 외국인투자신고 대상이 됨

■ 참고 : 신주인수권증서
○ 신주인수권증권은 사채권에 부여된 신주인수권인 반면, 신주인수권증서는 회사의 유상증자시 기존주주가 당연히 가지는 신주인수 권리를 증권화한 것으로 기존주주가 실권을 하더라도 신주인수권증서를 매각함으로써 신주인수권증서를 매입한 소유자가 유상증자에 참여할 수 있게 됨. 신주인수권증서는 해당 유상증자 청약기간이내에만 한시적으로 존재한다는 점에서 사채권에 부여된 신주인수권증권과는 구분됨.

○ 신주인수권증서를 외국인이 인수하여 증자 참여할 경우에도 외국인투자촉진법 요건을 충족하는 투자가 이루어지면 신주 취득 후 60일 이내 동일하게 외국인투자촉진법에 따른 주식 또는 지분취득신고를 하여야 함.

19) 「외국환거래규정」 제9-35조

출자목적물

사례 13 포트폴리오 투자로 발생한 이익의 출자

 외국인 A가 「외국환거래법」에 따라 포트폴리오 목적으로 상장 또는 비상장 주식을 취득한 후, 그 처분대금으로 「외국인투자촉진법」에 의한 외국인투자신고를 하는 경우 동자금이 출자목적물로 인정이 되는지?

 「외국인투자촉진법」에 정한 범위 내에서 출자목적물로 인정이 됨[20]

보충설명

- 원칙적으로 외국인이 국내에서 이익을 창출한 경우 그 이익에 대하여는 「외국인투자촉진법」에서 명시적으로 인정하는 경우(주식배당금 등)외에는 출자목적물로 인정이 되지 않음

- 결론적으로 포트폴리오 투자로 발생한 처분대금 및 이익금에 대하여는 대외계정에 외화로 환전하여 예치한 후 외국인투자신고를 하면 대외지급수단이 되기 때문에 출자목적물로 인정될 수 있음

사례 14 외국소재 한국계은행에서 조달한 자금으로 출자하는 경우

 미국기업 A가 미국에 있는 한국계 은행 B로부터 대출이나 채권을 발행하여 한국에 신주 등의 취득에 의한 외국인투자를 하는 경우 동 투자자금은 출자목적물로 인정이 되는지?

 출자목적물로 인정이 됨

---

20) 「외국인투자촉진법」 제2조 제1항 제8호 가목

보충설명

- 미국기업이 한국계 은행으로부터 조달하여 투자하는 경우이며, 동 투자자금은 「외국환거래법」에 따른 대외지급수단으로서 출자목적물로 인정이 됨[21]

사례 15 약속어음 또는 신용장의 출자

국내기업의 주식을 취득하는 대가로 대외지급수단인 약속어음이나 신용장(Letter of Credit)으로 지급하는 경우에도 외국인투자신고 및 외국인투자기업으로 등록할 수 있는가?

외국인투자신고 및 외국인투자기업 등록을 할 수 없음

보충설명

- 약속어음이나 신용장, 수표 등은 외국환거래법에 의한 대외지급수단이지만, 즉시 현금화되어 출자나 지급되지 아니 하므로 외국인투자촉진법상의 출자목적물로 인정되지 않으며, 즉시 현금화 될 수 있는 대외지급수단인 외국통화(또는 전신환)만 인정되고 있음.

사례 16 중고자본재의 현물출자

외국법인이 본국에서 운영하던 공장시설을 해체하여 국내로 이전하여 자동차 부품 제조 사업을 하려고 함. 이 때 중고 공장설비도 현물출자가 가능한가?

가능함. 중고물품에 대한 특별한 제한 없음

---

21) 산업자원부 사이버민원-23562호, 2002.8.21

> 보충설명

■ 자본재 현물출자 절차

〈STEP 1〉 외국인투자신고
○ 외국투자가가 신고
○ 접수처 : KOTRA 등 외국인투자신고 접수기관
○ 신고 구비서류
- 신주 등의 취득에 의한 외국인투자 신고서(「외국인투자촉진법시행규칙」 별지 제1호 서식)
- 외국법인의 상호와 주소를 확인할 수 있는 서류
- 투자신고용 위임장(대리인이 신고할 경우에 한함)

〈STEP 2〉 자본재 등 도입물품 명세 검토 확인신청
○ 목적 : 과거의 "수입승인" 절차에 해당하는 것으로 외국투자가가 도입하려는 재화가 자본재에 해당하는지 사전에 확인 받는 절차
○ 구비서류
- 자본재 등 도입물품명세 검토 확인신청서(「외국인투자촉진법시행규칙」별지 제24호 서식)
- 외국인투자신고서 사본1부
- 물품매도확약서등 가격을 증명하는 서류 사본 1부
○ 접수처 : KOTRA 등 외국인투자신고 접수기관

〈STEP 3〉 자본재 통관
○ 수입신고서(신고필증) 작성시 유의사항(아래 4개 항목은 특히 작성에 주의를 요함)

수입신고서 상 항목번호	기재방법 또는 작성예	비 고
(12) 납세의무자	외국인투자기업명(자본재를 출자받는 기업) 기재	
(14) 공급자	외국투자가명 기재	외국에서 회사이름으로 자본재를 보내고 투자는 회사대표 개인자격으로 할 수 없음
(17) 거래구분	41 국내투자	"11 일반거래"라고 기재되면 아니됨
(54) 결제금액(인도조건-통화종류-금액-결제방법)	(CIF-JPY-25,000,000-GN)	결제방법은 무상거래를 의미하는 "GN"이라고 하여야 함

〈STEP 4〉 현물출자완료 확인신청
- 현물출자완료 확인을 받고자 하는 자는 「외국인투자촉진법시행규칙」별지 제25호 서식의 신청서 2부에 '수입신고필증'을 첨부하여 관세청장에게 제출하여야 함(실무적으로 KOTRA 파견근무 중인 관세청 공무원에게 신청, 전화 02-3497-1061)
- 구비서류
  - 현물출자완료 확인신청서(「외국인투자촉진법시행규칙」별지 제25호 서식)
  - 수입신고필증
- 현물출자에 관한 특례[22] : 외국투자가가 자본재를 현물 출자하는 경우에는 상법규정[23]에 불구하고 관세청장이 현물출자의 이행과 그 목적물의 종류·수량·가격 등을 확인한 현물출자완료확인서를 상업등기법[24]에 따른 검사인의 조사보고서로 간주[25]
- 별도의 감정평가 절차는 필요 없으며 외국인투자금액은 보통 CIF 금액으로 기재
- 현물출자완료 확인신청은 자본재가 여러 번 분할하여 통관되는 경우에는 동 자본재가 최종적으로 통관된 후에 하여야 함

〈STEP 5〉 등기(설립 또는 변경)
- 외국인투자기업의 자본재 현물출자 등기업무 경험 있는 법무사 등을 통하여 등기 신청
- 확인 받은 금액을 한도로 자본금이 늘어나게 됨(주식 할증발행도 가능)

〈STEP 6〉 외국인투자기업등록
- 회사의 "법인등기부등본"과 "현물출자완료확인서" 사본을 첨부하여 당초 외국인 투자신고를 하였던 곳에 신청

[양식] 외국인투자기업 등록(변경)신청서

---

22) 「외국인투자촉진법」 제30조 제3항
23) 「상법」 제299조
24) 「상업등기법」 제80조
25) 「외국인투자촉진법」 제30조 제3항

■ 외국인투자 촉진법 시행규칙 [별지 제17호서식] <개정 2013.6.10>

외국인투자기업등록신청서 [ ]신규등록 [ ]변경등록

※ 바탕색이 어두운 난은 신청인이 적지 않으며, [ ]에는 해당되는 곳에 √표를 합니다.   (제1쪽)

접수번호		접수일		처리일		처리기간	1일

외국투자가	① 상호 또는 명칭(영문)		② 국적	
	SPC여부	[ ]예 [ ]아니오	SPC의 최종 지배모기업	상호
				국적

외국인투자기업	③ 상호 또는 명칭(국문)	(영문)	
	④ 사업자등록번호	SPC여부 [ ]예 [ ]아니오	
	⑤ 자본금		
	⑥ 주소	본사	전화번호
		공장 또는 사업장	전화번호
	⑦ 신고(허가)된 사업명		
	⑧ 외국인투자금액 및 비율	원(*USD 상당), %	
	⑨ 고도기술 분야 (비영리법인에 한함)		
	⑩ 상시고용 연구 전담인력의 수 (비영리법인에 한함)		
	⑪ 변경등록 사유		
	⑫ 종전 상시근로자 수 (변경등록에 한함)	명	
	⑬ 금번 등록신청 후 예상되는 상시근로자 수	명	

「외국인투자 촉진법」 제21조 제1항·제2항, 같은 법 시행령 제27조 및 같은 법 시행규칙 제17조제1항·제2항에 따라 위와 같이 신청합니다.

년   월   일

신청인 (또는 대리인)   (서명 또는 인)
(전화번호 :   )

수탁기관장 귀하

첨부서류	뒤쪽 참조	수수료 없음

210mm×297mm(백상지 80g/㎡)

사례 17 자본재의 범위

 외국인투자기업이 자본재 설비 도입후 최초 시설을 운전하는데 발생하는 기술knowhow료(외주설계비, 예비테스트비 등) 및 엔지니어링료(기술훈련비, 기술자경비 등) 등도 자본재에 해당하는지?

 자본재에 해당한다고 볼 수 있음

보충설명

○ 외국인투자촉진법 제2조 제1항 제9호 자본재 정의에 따르면 "자본재란 산업시설(선박, 차량, 항공기 등을 포함한다)로서의 기계, 기자재, 시설품, 기구, 부분품, 부속품 및 농업·임업·수산업의 발전에 필요한 가축, 종자, 수목(樹木), 어패류, 그 밖에 주무부장관(해당 사업을 관장하는 중앙행정기관의 장을 말한다. 이하 같다)이 해당 시설의 첫 시험운전(시험사업을 포함한다)에 필요하다고 인정하는 원료·예비품 및 이의 도입에 따르는 운임·보험료와 시설을 하거나 조언을 하는 기술 또는 용역을 말한다"고 규정하고 있음.

○ 여기서 이(자본재)의 도입에 따른 시설을 하거나 조언하는 기술 또는 용역이란 최초로 산업 시설을 도입하면서 필요한 시설을 하거나 조언하는 기술 또는 용역비용으로 볼 수 있으므로, 최초 시설을 설치 및 시험 운용하는데 한정하여 필요한 knowhow료, 엔지니어링료 등의 용역비용은 자본재에 포함된다고 볼 수 있음

사례 18 특허권의 현물출자

 외국투자가가 보유하고 있는 특허권을 한국기업에 이전하는 방식으로 외국인투자를 할 수 있는가?

 특허권은 산업재산권에 포함되므로 외국인투자의 출자목적물에 해당됨. 즉 특허권과 같은 무형자산도 권한 있는 평가기관으로부터 평가를 받으면 외국인투자 가능함. 이 경우에 사전에 평가를 마쳐야 외국인투자신고를 할 수 있음

보충설명

■ 출자목적물에 포함되는 기술 등의 범위[26]

○ 산업재산권[27] : 「특허법」·「실용신안법」·「디자인보호법」 또는 「상표법」에 따라 등록된 특허권, 실용신안권, 디자인권(의장권) 및 상표권을 말함
○ 「저작권법」에 의한 저작권중 산업활동에 이용되는 권리
○ 배치설계권[28]
○ 그 밖에 이에 준하는 기술과 이의 사용에 관한 권리

■ 산업재산권 등 기술의 평가

○ 평가기관[29] : 한국산업기술진흥원, 기술보증기금, 한국산업기술평가관리원, 한국환경공단(환경기술에 대한 기술평가만 해당), 국가기술표준원, 한국과학기술연구원, 한국과학기술정보연구원, 정보통신산업진흥원
  - 상기 기술평가기관이 산업재산권 등의 가격을 평가한 경우 그 평가내용은 상법[30]에 따라 공인된 감정인이 감정한 것으로 봄[31]

---

26) 「외국인투자촉진법」 제2조 제1항 제8호 라목
27) 「발명진흥법」 제2조 제4호
28) 「반도체집적회로의 배치설계에 관한 법률」 제2조 제5호
29) 「벤처기업육성에 관한 특별조치법 시행령」 제4조
30) 「상법」 제299조의2
31) 「외국인투자촉진법」 제30조 제4항 및 「벤처기업육성에 관한 특별조치법 시행령」 제4조

○ 현물출자의 이행에 관하여는 공인된 감정인의 감정으로 검사인의 조사[32]에 갈음할 수 있음. 이 경우 공증인 또는 감정인은 조사 또는 감정결과를 법원에 보고하여야 함[33]

■ 외국인투자 신고

○ 기술평가 완료 후 가격평가 내용을 증명하는 서류 사본을 첨부하여야 외국인투자신고가 가능함[34] (회계법인 등이 평가한 평가서는 투자신고 목적으로 사용 불가능)

○ 평가금액이 예상보다 크게 나와 외국인투자비율을 조정할 필요가 있을 때에는 주식할증발행도 가능함

사례 19 컴퓨터 프로그램 저작물의 현물출자

 컴퓨터프로그램 저작물도 「외국인투자촉진법」상의 출자목적물이 될 수 있는지요?

 산업활동에 이용한다는 전제하에 가능한 것으로 확대해석하고 있음

보충설명

■ 저작권이 「외국인투자촉진법」상의 출자목적물이 되기 위해서는 '산업활동에 이용'되어야 하는데 이에 대한 법령상의 규정[35] 또는 지침이 없어 문제가 되지만 구체적인 사안별로 대통령령이 정하는 기술평가기관[36]의 평가 결과에 따르게 될 것으로 보임

---

32) 「상법」 제299조제1항
33) 「상법」 제299조의2
34) 「외국인투자촉진법 시행규칙」 제2조 제1항 제1호
35) 현행 지식재산권 관련 법률에는 「특허법」, 「실용신안법」, 「디자인보호법」, 「상표법」, 「저작권법」, 「반도체집적회로의배치 설계에관한법률」, 「종자산업법」, 「부정경쟁방지법」 등이 있음

- 단, 컴퓨터프로그램저작물은 외국인투자의 제한사유[37]에 해당되지 않는 한 '산업활동에 이용되는 저작권'으로 인정되는 추세임

사례 20 산업재산권 평가기관

 외국투자자가 산업재산권을 출자하려고 일반 회계법인을 통해서 이에 대한 평가를 마쳤는데 적법한 절차인지?

 법이 정하고 있는 기관을 통하지 않고 회계법인에서 평가를 받은 것은 인정받지 못함

보충설명

- 「외국인투자촉진법」에 의한 외국인투자기업의 경우 대통령령이 정하는 기술평가기관[38]이 산업재산권과 저작권 중 산업활동에 이용되는 권리 및 반도체집적회로배치설계권 등 일정한 출자목적물의 가격을 평가한 경우 그 평가내용은 공인된 감정인이 감정한 것으로 보도록 규정하고 있음[39]

- 평가기관으로서는 한국산업기술진흥원, 기술보증기금, 한국산업기술평가관리원, 한국환경공단, 국가기술표준원, 한국과학기술연구원, 한국과학기술정보연구원, 정보통신산업진흥원의 총 8개 평가기관을 들 수 있는데 이는 전문 평가기관이 객관적인 평가를 하도록 하려는 취지임

---

36) 대통령령이 정하는 기술평가기관 : 한국산업기술진흥원, 기술신용보증기금, 한국산업기술평가관리원, 한국환경공단, 국가기술표준원, 한국과학기술연구원, 한국과학기술정보연구원, 정보통신산업진흥원
37) 「외국인투자촉진법」 제 4조 제 2항
38) 「외국인투자촉진법 시행령」 제 39조(현물출자의 완료 확인) 제 2항, 「벤처기업육성에 관한 특별조치법 시행령」제4조 각 호에 따른 평가기관
39) 「외국인투자촉진법」 제 30조(다른 법률 및 국제조약과의 관계) 제 4항, 「상법」 제 299조의 2

사례 21 국내부동산의 현물출자

 외국인이 소유한 한국내 토지로 기존주식을 취득할 시 「외국인투자촉진법」상 외국인투자로 인정이 되는지?

 외국인이 소유하고 있는 국내 부동산은 외국환거래법에 의한 자본거래필증을 필한 경우 「외국인투자촉진법」상 출자목적물에 해당되므로 이 경우에도 외국인투자로 인정됨

보충설명

- 「외국인투자촉진법」에 따른 출자 목적물은 다음과 같음.[40]

> - 「외국환거래법」에 따른 대외지급수단 또는 이의 교환으로 생기는 내국지급수단
> - 자본재
> - 이 법에 따라 취득한 주식등으로부터 생긴 과실(果實)
> - 산업재산권, 대통령령으로 정하는 지식재산권, 그 밖에 이에 준하는 기술과 이의 사용에 관한 권리
> - 외국인이 국내에 있는 지점 또는 사무소를 폐쇄하여 다른 내국법인으로 전환하거나 외국인이 주식등을 소유하고 있는 내국법인이 해산하는 경우 해당 지점·사무소 또는 법인의 청산에 따라 해당 외국인에게 분배되는 남은 재산
> - 장기차관이나 그 밖에 해외로부터의 차입금 상환액
> - 대통령령으로 정하는 주식
> - 국내에 있는 부동산(단, 외국환거래법에 의한 자본거래신고필증 필요)
> - 그 밖에 대통령령으로 정하는 내국지급수단

- 출자목적물로서 인정되는 국내 부동산은 외국환거래법에 의한 자본거래신고 필증을 필한 것이므로 이미 국내부동산을 보유한 한국인이 외국국적을 취득하게 된 경우는 인정되지 않으며, 외국인 국내거주자(화교 등)가 국내 자금으로 취득한 국내부동산도 인정되지 않음. 즉, 해외원천자금으로 취득한 국내 부동산만이 외국인투자의 출자목적물이 됨.

---

[40] 「외국인투자촉진법」 제2조 제1항 제8호

사례 22 대부채권의 현물출자

 대부채권의 현물출자에 대해 신주취득신고를 할 수 있는지?

 산업부 유권해석으로 법원의 승인이 있는 경우에만 가능하였으나, 2012년 4월 상법개정으로 상계방식에 의한 현물출자가 인정되어 법원 승인 없이도 가능해짐

보충설명

- 차관 기타 해외차입금[41]의 상환액에는 금전만이 포함되는 것이 아니므로 외국인투자기업의 재무구조개선 목적이 인정되어 대부채권의 현물출자에 대한 법원의 승인이 있는 경우에는 통상적인 금전의 경우와 달리 주금 납입절차를 거칠 필요 없이 당해 신주취득이 해외 차입금의 상환임을 증명하는 서류를 첨부하여 자본금 등기 이전에 신주취득신고를 할 수 있음[42].

- 단, 2012년 4월 시행된 상법개정으로 상계방식에 의한 현물출자가 인정되어 상계방식의 해외차입금 출자전환에 대한 투자가와 외국인투자기업간 합의서(계약서) 및 외국인투자기업의 동의가 있으면 신주취득에 의한 투자신고를 할 수 있음.

사례 23 차입금의 출자전환

 해외로부터의 차입금 상환액을 출자전환하려면 어떤 절차를 거쳐야 하는지?

 해외차입금 상환액을 주금납입절차를 거쳐 자본으로 전환하거나, 대부채권 자체를 법원인가를 받아 현물출자하는 방법이 있음

---

41) 「외국인투자촉진법」 제 2조 제 1항 제 8호 바목
42) 「외국인투자촉진법」 제 5조 및 투정-1687, 2007.10.22

보충설명

- 해외차입금 상환액을 외화 환전없이 원화자금으로 주금납입 하는 경우 신주 취득에 의한 외국인투자신고시 외화금액은 외국인투자 신고일의 미화 기준 환율을 적용함. 다만 대부채권 자체를 상계방식으로 출자전환하는 경우에는 법원인가 없이도 가능해 졌으며, 외화금액은 해외차입 당시의 외화금액을 기재하면 됨.

- 필요서류: 외화차입신고서, 출자전환에 대한 계약서, 공인회계사 조사보고서 등

사례 24 상계에 의한 출자전환

 장기차관을 상계에 의하여 직접 출자 전환하는 것이 가능한지?

 허용됨

보충설명

- 개정전 상법 제334조는 주주의 납입금에 관하여 회사와의 상계(相計)를 금지하도록 규정하고 있는데 2011년 4월 14일 개정상법(2012년 4월 15일 시행)은 이를 삭제하고 제421조제2항에서 회사와의 동의에 의한 상계를 허용하고 있음.

- 다만, 외국인투자촉진법 에 의한 장기차관을 출자전환함에 따라 조기상환하는 결과가 되면 장기차관 내용변경신고를 통하여 먼저 장기차관에 대한 조기상환 절차를 진행해야 함.

장기차관

사례 25 · 장기차관 기간 계산

 질문 외국인투자기업이 외국투자가로부터 총 100억 원을 차입하고 다음과 같이 각각 분할 상환하는 경우 외국인투자(장기차관방식의 외국인투자)에 해당 되는가?

– 다 음 –
- 30억원 : 차입시점으로부터 4년 후 상환
- 40억원 : 차입시점으로부터 5년 후 상환
- 30억원 : 차입시점으로부터 6년 후 상환

 답변 차입기간을 계산하여 보면 5년이 되므로 '장기차관방식의 외국인투자' 요건을 충족시킴

- 차입기간 = (4년 x 30/100) + (5년 x 40/100) + (6년 x 30/100) = 1.2년 + 2.0년 + 1.8년 = 5년

보충설명

■ 차관기간 계산

○ 신고의 대상이 되는 장기차관방식의 외국인투자를 분할상환하거나 중도 상환하는 경우 차관기간은 그 거치기간과 상환기간을 고려하여 산업통상자원부 장관이 고시하는 기준에 따라 산정[43]

○ 기간별 분할 또는 중도상환금의 차관기간에 당해 상환금이 총 차관금액에서 차지하는 비율을 곱하여 산출한 수들의 합으로 계산[44]

---

43) 「외국인투자촉진법시행규칙」제5조
44) 「외국인투자 및 기술도입에 관한 규정」제7조

사례 26 | 5년 이상의 장기차관을 중도상환하는 경우

 5년 이상의 장기차관을 중도 상환하는 경우 외국인투자로 인정이 되는지?

 인정됨

보충설명

- 조기상환으로 인해 당해 차관이 5년 이상의 기간요건에 미달하게 되더라도 미상환잔액은 외국인투자자로서의 지위는 유지되며 추후 상환 시 대외송금의 편의는 보장됨[45]

- 이 경우 반드시 외국인투자신고를 변경하여야 함[46]

- 단, 이로 인해 조세감면을 받은 경우에는 중도 상환으로 조세감면기준에 해당하지 아니하게 되므로 해당 사유가 발생한 날이 속하는 과세연도의 과세표준 신고시 소급한 기간 이내 감면세액 및 이자상당 가산액을 납부하여야 함.[47]

사례 27 | 5년 이상의 기간으로 연장한 대부계약

 최초 대부계약상에는 대부기간이 5년 미만이 되어 외국인투자로 인정되지 않았으나 이후 계약변경을 통하여 대부기간을 5년 이상으로 한 경우 외국인투자로 인정될 수 있는가?

 경우에 따라 다름

---

45) 「외국인투자 및 기술도입에 관한 규정」 제 2조 제 1항
46) 「외국인투자촉진법」 제 8조 제 1항
47) 「조세특례제한법」 제 121조의 5 제1항 및 「조세특례제한법 시행령」 제116조의 7

보충설명

■ 외화자금이 이미 국내에 도입된 경우

○ 계약 변경만으로는 외국인투자자로 인정되지 않으며 외국인투자자로 인정되기 위해서는 대부자금을 일단 상환한 후 다시 대부기간이 5년 이상인 새로운 대부계약을 체결하여야 함[48]

■ 외화자금이 아직 국내에 도입되지 않은 경우

○ 이 경우에는 계약변경 후 투자신고를 거쳐 자금을 도입하면 외국인투자자로 인정됨[49]

사례 28. 외국인투자기업이 외국에 공동투자한 회사로부터 5년 이상 장기차관을 도입하는 경우

질문 외국법인 A와 B, 내국법인 C가 각각 1/3씩 공동 투자하여 국내에 외국인투자기업 D와 외국에 E사를 각각 설립하고 E사로부터 D사가 5년 이상의 장기차관을 도입할 경우 동 장기차관은 외국인투자신고 대상이 되는지?

답변 외국인투자 신고 대상이 됨

 보충설명

■ 이 경우 외국기업 A와 B는 D사에 대한 외국투자가에 해당되며[50] 해외 E사는 외국투자가인 A와 B사와는 자본출자관계에 해당되어[51] 따라서 E사는 외국

---

48) 외국인투자촉진법령 실무해설 (산업자원부 2007.12)
49) 「외국인투자촉진법」 제 8조제 1항
50) 「외국인투자촉진법 시행령」 제 2조 제 2항
51) 「외국인투자촉진법 시행령」 제 2조 제 3항

인투자기업 D사에 대한 적격의 장기차관 제공자가 될 수 있으며 동 장기차관은 외국인투자 신고 대상이 됨[52]

사례 29 대여금 채권의 제3자 양도

 「외국인투자촉진법」에 따른 장기차관 제공 이후 구조조정 차원에서 대여금 채권을 제 3자에게 양도한 경우 제 3자는 장기차관제공자로서의 지위를 계속 유지하는지?

 외국인투자촉진법 요건을 충족할 경우 장기차관제공자의 지위를 유지함

보충설명

■ 동 사안의 경우 제3자가 법령[53]에 따른 외국투자가이거나 외국투자가와 자본출자관계를 충족하는 한 장기차관제공자로서의 지위를 계속 유지함[54]

---

52) 투정 55121-310, 2001.12.12
53) 「외국인투자촉진법 시행령」 제 2조 제 3항
54) 투정 55121-245, 2001.10.10

사례 30 국내차입자금으로 제공하는 5년 이상 장기차관

질문 해외모기업 A가 소유 부동산을 담보로 국내은행에서 자금차입(대출)을 하여 외국인투자기업 B에게 5년 이상 장기차관을 제공한 경우 외국인투자로 인정 되는지

답변 외국인투자로 인정되지 않음

보충설명

- 외국인투자는 「외국인투자촉진법」[55]에 그 예외를 인정하지 않는 한 원칙적으로 해외에서 국내로의 외자도입을 전제로 하기에 동 사안의 경우처럼 국내 차입 자금으로 제공하는 5년 이상 장기차관은 「외국인투자촉진법」상 외국인투자로 인정되지 않음[56]

---

55) 「외국인투자촉진법」 제 2조 제 1항 제 4호 나목 규정 참조
56) 사이버민원-30813호, 2003.4.3

절차

사례 31 투자자금 송금방법

 외국인투자시 한국에 계좌번호가 없는데 송금은 어떻게 해야 하나?

 일반적으로 외국법인의 경우 한국에 은행계좌를 만드는 절차가 까다로우므로 은행의 가상계좌(임시계좌)를 만들어 외국투자가의 송금을 용이하게 함.

보충설명

■ 은행별 외국인 투자가 가상계정의 예시는 다음과 같음.

은행명	SWIFT Code	계좌번호	주 소
광주은행	KWABKRSE	932305200000	15th floor, 7-12, Daein-dong, Dong-gu, Gwang-ju
국민은행	CZNBKRSE	0015-68-900-9999	#9-1 Namdaemunro 2-ga, Jung-gu, Seoul
	CZNBKRSE	7607-68-900-9999	#1306-6 Seocho dong, Seocho-gu, Seoul
농협	NACFKRSE	0009-00-999999	75, Chungjeong-no 1 ga, Chung-gu, Seoul
대구은행	BAEBKR22	N/A	118, 2-ga, Suseong-dong, Suseong-gu, Daegu, Korea
부산은행	PUSBKR2P	Seoul: 070-99-999999-9	830-38, Beomil-Dong, Dong-Gu, Busan
수협	NFFCKRSEXXX	N/A	Ogeumro 62(Shincheon-dong 11-6), Songpa-Gu, Seoul
신한은행	SHBKKRSE	1418-999-999999	231, yangjae-dong, seochogu, Seoul, 137-938, KOREA
우리은행	HVBKKRSE	8202-2002-3980	203, Hoehyeon 1-Ga, Chung-Gu, Seoul
전북은행	JEONKRSE	102-FDI-96330000	17/F, Seorin B/D, 88, Seorin-Dong, Chongro-Gu, Seoul, 110-790
제주은행	JJBKKR22	N/A	1349 E-do 1 Dong, Jeju-Si, Jeju-Do
하나은행	HNBNKRSEXXX	195-910001-01805	Seoul Center B/D 2nd Floor, 91-1, Sogong-Dong, Chung-Gu
외환은행	KOEXKRSE	436-84-09122	IKPB/D,4THFloor, 300-6 Yeomgok-Dong, Seecho-Gu,SEOUL, KOREA
SC제일은행	SCBLKRSE	038-85-000000	100 Kongpyung-dong, Chongro-gu, Seoul, 110-702, Korea

사례 32 제3자 명의로 해외에서 송금 받은 경우

 외국인 A가 외국인투자신고를 한 후 투자금을 본인이 아닌 제 3자 명의로 해외에서 송금 또는 반입하는 경우 이를 외국인 투자자금으로 인정 할 수 있는지?

 외국인투자 신고인의 자금임을 입증하는 경우 외국인투자자금으로 인정될 수 있음

보충설명

- 통상 외국인이 투자자금을 해외에서 송금 또는 반입하는 경우 외국인투자신고 당시의 외국인과 동일하여야 하나 다만 동일인이 아닌 경우에는 동 자금이 외국인투자신고인의 자금임을 입증하는 서류가 필요함[57].

- 은행으로 송금하는 경우에는 송금 전문에 투자신고인(외국투자가)을 대신하여 송금한다는 내용이 명기되어 있어야 하며, 휴대반입하는 경우에는 휴대반입자금이 투자신고인의 자금임을 입증하는 별도의 공증서류가 필요함.

사례 33 주식회사 설립비용

 주식회사의 초기 설립비용은?

 주식회사 설립 시 소요되는 비용으로는 등록면허세 · 지방교육세 · 등기신청수수료 · 공증료 · 법무사 수수료 등이 있음.

---

57) 「외국인투자촉진법 시행규칙」 제 17조 제 1항 제 1호 단서조항

보충설명

■ 회사설립비용

항목	세부내역
등록면허세	자본금의 0.4%, 대도시내 설립시 3배 중과
지방교육세	등록면허세의 20%
대법원수입인지	등기신청수수료
공증료	정관 등 포함.
법무사 수수료	각 법무법인마다 차이가 있음

사례 34. 외국인투자기업 등록

 외국인투자기업등록을 하지 않아 받게 되는 불이익은?

 외국인 투자기업 등록을 하지 않는 경우, 국내체류 사증발급신청, 주식양도신고, 배당금 또는 주식매각대금의 대외송금 등의 처리가 이루어질 수 없으므로 반드시 외국인투자기업등록이 필요함

보충설명

■ 신주 취득시 출자목적물의 납입을 완료한 경우, 기존주식 취득시 대금을 정산한 경우, 합병 등에 의해 주식 등을 취득한 경우, 비영리법인에 대한 출연을 완료한 경우에는 그 사유발생일로부터 30일 이내에 등록하도록 의무화되어 있음[58]

---

58) 「외국인투자촉진법 시행령」 제21조제1항

사례 35 외국인투자기업 부분등록

 미화 2천만 달러를 투자신고하고 현재 1억원이 도착하여 법인설립등기를 마친 경우 외국인투자기업등록이 가능한가? 단지형 외국인 투자지역 입주계약을 체결하려고 하는데 외국인투자기업등록증이 있어야 된다고 함

 가능함. 신고 금액 전액이 도착하기 전이라도 외국인투자 최소요건(1억원 이상)을 충족시키는 투자가 이행된 경우 외국인투자기업 부분등록 제도를 활용하면 외국인투자기업등록증이 발급될 수 있음

보충설명

■ 외국인투자기업 등록

○ 원칙 : 외국투자가 또는 외국인투자기업은 출자목적물의 납입을 마친 경우 외국인투자기업의 등록을 하여야 함

○ 부분등록 : 외국투자가 또는 외국인투자기업은 출자목적물의 납입을 마치기 전 또는 기존주식 등의 취득대금을 정산하기 전이라도 최소 외국인투자 요건에 해당하는 외국인투자(「외국인투자촉진법」제2조 제1항 제4호 가목)를 한 경우에는 외국인투자기업의 등록을 할 수 있음)[59]

---

[59] 「외국인투자촉진법」 제21조 제2항

사례 36 | 국내기업과 외국인투자기업의 흡수합병시 행정절차

질문 국내기업 A사가 외국인투자기업 B사를 흡수·합병하고 B사는 소멸되는 경우 「외국인투자촉진법」상 행정절차는 어떻게 되는지?

답변 B사의 외국투자가는 A사의 주식 등을 취득한 날로부터 60일 이내에 「외국인투자촉진법」에 따라 주식 등의 취득 신고[60]를 하여야 함

보충설명

- 합병이 완료된 후 B사의 외국투자가는 합병 등에 의한 A사 주식취득신고를 하여야 하며 이 때 필요서류는 주식 또는 지분의 취득을 증명하는 서류로서 합병계약서나 합병후 A사의 법인등기부등본 등을 첨부하여야 함.

- 이후 A사 또는 외국투자가는 합병된 법인 등기부 등본, 주주명부 등을 첨부하여 외국인투자기업 등록신청을 하여야 함[61]. 또한 B사의 외국투자가는 B사의 해산등기부등본을 첨부하여 등록말소신청을 할 수 있음[62]

- 산업통상자원부 장관은 「외국인투자촉진법」 제 21조에 따라 B사에 대해 외국인투자기업 등록을 직권으로 말소할 수 있으며 이 경우 등록증 원본을 회수하여야 함.

---

60) 「외국인투자촉진법」 제 7조 및 「외국인투자촉진법 시행규칙」 제 4조
61) 「외국인투자촉진법」 제 21조 제 1항
62) 「외국인투자촉진법 시행령」 제 28조

사례 37 외국인투자와 기업결합 신고

 영국 소재 법인이 한국법인과 공동으로 아래와 같이 국내에 합작법인을 설립하려고 하는데 공정거래위원회에 기업결합신고를 하여야 하는지?

- 아 래 -

○ 투자가(주주)
 - 외국투자가(영국 법인) : 매출액 미화 5억 달러, 자산총액 1억 달러
 - 한국 합작파트너 : 매출액 500억 원, 자산총액 100억 원
○ 투자 금액
 - 외국투자가(영국 법인) : 8억원(외국인투자비율 80%)
 - 한국 합작파트너 : 2억원
○ 합작사업 : 자동차 부품 제조

 기업결합신고 대상임. 자산총액 또는 매출액이 2천억원 이상인 회사가 자산총액 또는 매출액이 200억원 이상인 다른 회사와 공동으로 "새로운 회사설립에 참여하여 그 회사의 최다출자자가 되는 경우" 주금납입기일 다음날부터 30일 이내에 공정거래위원회에 기업결합신고를 하여야 하며, 신고의무는 외국투자가에게도 동일하게 적용됨. 신설회사의 규모에 상관없이 모회사의 규모를 가지고 판단함. 다만, 외국투자가가 상대회사 없이 단독으로 회사를 설립하는 경우에는 신고의무 없음

보충설명

■ 기업결합신고[63]

○ 신고대상 기업결합
 - 신고대상회사 : 자산총액 또는 매출액 2,000억 이상인 경우
 - 상대회사 : 자산총액 또는 매출액이 200억 이상인 경우

---

[63] 「독점규제 및 공정거래에 관한 법률」 제12조 및 「독점규제 및 공정거래에 관한 법률 시행령」 제18조 제3항

* 다만, 신고대상회사와 상대회사가 모두 외국인회사이거나 신고대상회사가 국내회사이고 상대회사가 외국회사인 경우 그 외국회사 각각의 국내매출액이 200억원 이상인 경우에 한하여 신고대상임.

○ 기업결합 유형

구분	내용
주식취득	다른 회사 발행주식총수(의결권 업는 주식제외)의 20%(상장회사 15%)이상 취득하는 경우 주식의 추가 취득으로 최다출자자가 되는 경우
임원겸임	대규모회사의 임직원이 다른 회사의 임원을 겸임하는 경우
합병	기업을 합병하는 경우
영업양수	영업을 양수하는 경우
회사설립 참여	신설회사의 최다출자자가 되는 경우

※ 대규모회사 : 자산총액 또는 매출액의 규모가 2조원 이상인 회사

○ 기업결합 신고기한

구분	신고의무자	기업결합 유형	신고시기
사전신고	대규모회사	주식취득	계약일 완료 후 이행완료 전
		합병	
		영업양수	
		회사신설 참여	주총(이사회) 의결일 이후 이행 완료전
사후신고	대규모회사 외의 자	주식취득	주권교부일 등으로부터 30일
		합병	합병등기일부터 30일
		영업양수	대금지불 완료일부터 30일
		회사신설 참여	주금납입기일 다음날부터 30일
	대규모회사	임원겸임	겸임되는 회사의 주주총회(사원총회)에서 선임이 의결된 날 부터 30일

○ 기업결합 신고(허위신고 포함) 위반시 제제[64]
 - 사업자는 1억원 이하, 임직원은 1천만원이하의 과태료 부과

출처 : 공정거래위원회(www.ftc.go.kr)

---

64) 「독점규제 및 공정거래에 관한 법률」 제69조의2 제1항 제2호

사례 38 | 보유중인 외국인투자기업의 주식으로 현물출자시 외국인투자 절차

 외국인투자촉진법으로 투자한 외국투자가가 보유중인 외국인투자기업의 기존주식을 다른 외국기업에 현물출자 하는 경우의 외국인투자촉진법 상 신고절차는?

 외국투자가의 주식 양도신고 및 외국인투자기업 변경등록 대상임

보충설명

○ 외국투자가 A가 보유중인 외국인투자기업(갑)의 주식을 외국기업 B에게 현물출자 한다는 것은 결국 A가 (갑)주식을 B에게 양도하는 결과가 되므로, 외국투자가는 현물출자를 입증하는 서류(양도계약서를 갈음)를 첨부하여 주식양도신고를 하여야 하며, 외국인투자기업(갑)은 이로 인하여 외국투자가가 변경되므로 외국인투자기업의 주주명부를 첨부하여 외국인투자기업 변경등록신청을 하여야 함.

투자금회수 · 재투자

사례 39 외국투자가에 대한 대외송금의 보장범위

 한국에 투자하려고 하는 잠재투자자입니다. 「외국인투자촉진법」을 보면 대외송금을 보장한다고 하였는데 그 범위가 어디까지인지?

 「외국인투자촉진법」은 외국환거래의 세이프가드 조치[65]에 대한 예외로서, 외국투자자가 취득한 주식 등으로부터 생기는 과실, 주식 등의 매각대금, 차관계약[66]에 의하여 지급되는 원리금 및 수수료 및 기술도입계약에 의해 지급되는 대가에 대하여 대외송금을 보장하고 있음[67].

보충설명

■ 외국환거래에 대한 세이프가드조치는 다음과 같은 경우 기획재정부장관이 취할 수 있음[68]

○ 천재지변 등의 사태발생으로 부득이하다고 인정되는 경우
○ 국제수지, 국제금융상 심각한 어려움에 처할 경우
○ 외국간 자본이동으로 인하여 통화정책 등을 수행하는데 있어서 심각한 지장을 초래하는 경우 등

사례 40 외국투자가의 주식 장외거래 처분 가능여부

 외국투자가는 외국인투자로 취득한 주식을 장외거래로 처분할 수 있는지?

 처분 가능함[69]

---

65) 「외국환거래법」 제6조 제1항, 제2항
66) 「외국인투자촉진법」 제2조 제1항 제4호 나목
67) 「외국인투자촉진법」 제3조 1항
68) 「외국환거래법」 제6조 제4항
69) 「금융투자업규정」 제 6-7조 참조

보충설명

○ 외국투자가는 외국인투자로 취득한 주식을 장외거래로 처분할 수 있으며, 외국인투자로 인정되는 한 처분한 주식대금의 해외송금도 규제를 받지 않음[70]

사례 41. 주식매각 대금의 원화수령 가능여부

 내국인 A가 기존 주식을 외국인 B에게 매각하고 주식매각 대금을 외국인으로부터 직접 외화로 받을 수 있는지?

 국내 송금 또는 휴대반입신고 후 외국환은행에 매각하여 원화로 기존 주주에게 지급하거나 또는 외화로 외국환은행을 통한 계정이체방식에 의해 지급할 수 있음[71]

보충설명

○ 참고로 건당 미화 2천불을 초과하는 대외지급수단(외화)으로 직접 지급 및 수령을 하고자 하는 경우에는 원칙적으로 외국환은행장에게 신고하여야 함[72]

---

70) 「외국인투자촉진법」 제3조
71) 「외국환거래규정」 제5-11조 제1항
72) 「외국환거래규정」 제4-2조 제1항, 제5-11조 제3항

| 사례 42 | 주식양도 또는 자본 감소에 따른 외국인투자기업 등록 말소여부 |

 당초 1억원을 투자받은 외국인투자기업의 외국투자가가 주식의 일부를 대한 민국국민에게 양도하여 외국인투자금액이 5천만 원으로 감소하였는데 외국인투자기업 등록을 말소하여야 하는지?

 말소사유 아님
- 산업통상자원부장관은 외국투자가가 자기소유의 주식 등의 전부를 대한민국국민이나 대한민국법인에 양도하거나 해당 외국인투자기업의 자본감소로 자기소유의 주식 등의 전부가 없어지게 된 때에 외국인투자기업의 등록을 말소하여야 함[73]
- 외국인투자금액이 1억원 미만으로 감소하더라도 제한적인 목적으로 외국인투자기업등록증이 필요하기 때문에 그 잔존금액에 대해서는 여전히 외국인투자로 간주되며 즉시 말소할 수는 없음. 예를 들어 나머지 5천만 원에 상당하는 주식을 매각하여 본국으로 송금하게 될 때 외국인투자기업등록증이 필요함
- 다만, 외국인투자에 따른 혜택을 받음에 있어서는 제약이 있을 수 있음. 예를 들어 해당기업의 외국투자가가 비자를 연장하는 시점에 외국인투자기업등록증에 외국인투자 최소 금액요건에 미달되는 금액이 표시되는 경우 비자연장이 원활하지 않을 수 있음

| 사례 43 | 주식양도 또는 자본감소 후 투자에 대한 외국인투자 인정여부 |

 11% 주식을 소유하고 있던 외국인투자자가 3%의 주식을 내. 외국인에게 일부 양도한 경우 잔여지분이 8%가 되어 이후에 「외국인투자촉진법」 규정을 충족하기 위해 새로 2%를 양수한 경우 기존의 8%와 새로 양수한 2%는 외국인투자로 인정되는지?

 외국인투자로 인정됨

---

73) 「외국인투자촉진법 시행령」 제30조 제2항

보충설명

- 외국인투자기업으로 등록한 후 외국투자가가 소유주식 등을 내·외국인에게 일부 양도 또는 감자함에 따라 외국인투자요건을 충족하지 못하는 경우에도 외국인투자로 봄[74]

- 또한 이미 외국투자가로 등재되어 있는 자가 추가로 10%미만 또는 1억원미만의 주식을 취득하는 경우에도 외국인투자로 인정함(증액투자의 의미로 최초 1억원이상 및 10%이상 주식취득 외국인투자촉진법 요건을 적용하지 않음)

- 동 본문 단서는 그 동안 실무관행으로 인정되어 오던 것을 규정으로 명확히 한 것임

사례 44. 유상감자로 받은 원화자금을 재투자하는 경우

 외국인이 유상감자로 받은 원화자금도 출자목적물이 될 수 있는지?

 출자목적물로 인정됨

보충설명

- 자본금 감소인 유상감자는 주식액의 일부를 주주에게 반환하거나 회사가 일부 주식을 소각하는 방식으로 이뤄지기 때문에 주식의 처분에 포함된다고 봄

- 또한 외국인이 주식 및 부동산을 처분한 자금은 외국환거래규정[75]에 의하여 지정 외국환은행을 통하여 외화로 환전하여 대외로 송금하면 당해 자금은 「외국인투자촉진법」[76]에 의한 출자목적물이 되기 때문에 출자목적물 측면에서도 주식처분 대금과 유상감자대금을 구분하지 않음

---

74) 「외국인투자촉진법 시행령」 제2조 제2항
75) 「외국환거래규정」 제 4-2조
76) 「외국인투자촉진법」 제 2조 제 1항 제 8호 가목

사례 45 | 외국인투자기업 청산재산을 재투자하는 경우

 외국인투자기업 A의 해산으로 발생한 잔여 청산재산을 출자목적물로 하여 내국법인 B의 신주 또는 기존주식을 취득할 수 있는지?

 가능한 것으로 해석하고 있음[77]

보충설명

- 통상 내국법인의 청산으로 발생한 청산 잔여재산(원화)으로 신주나 기존 주식을 모두 취득할 수 있지만 반면에 국내지점 또는 사무소를 폐쇄하여 내국법인으로 전환하는 경우[78] 청산 잔여재산(원화)으로는 신설하는 국내법인의 신주취득만 가능함

- 이유로서는 지점 또는 사무소를 폐쇄하여 내국법인으로 전환하지 않을 경우 당해 청산 잔여재산(원화)은 출자목적물이 될 수 없고, 출자목적물이 되기 위해서는 원화자금을 외화로 환전하여 대외계정에 예치하여야 하는데 이 때야 비로소 대외지급수단인 출자목적물이 됨

사례 46 | 배당금을 재원으로 유상증자를 한 경우

 외국인투자기업이 회사에 유보한 자금을 주주에게 배당한 후 외국인 주주를 포함한 주주에게 배당금을 재원으로 유상증자를 한 경우 외국인투자로 인정되는지?

 인정됨

---

77) 산업자원부 사이버민원 2006-904, 2006.2
   외국인투자촉진법령 실무해설(산업자원부, 2007.12)
78) 「외국인투자촉진법」 제 2조 제 1항 제 8호 마목

보충설명

- 이 경우 「외국인투자촉진법」 상[79] 출자목적물로 인정되고 또한 이 부분이 증자에 해당되므로 그 지분비율에 관계없이 모두 외국인투자로 인정된다고 해석하고 있음[80]

사례 47 외국인투자기업의 이익잉여금을 재투자하는 경우

  외국인 B가 현재 운영하고 있는 외국인투자기업의 이익잉여금을 재투자하려는데 「외국인투자촉진법」상 외국인투자로 인정을 받을 수 있는지?

  인정되지 않음

보충설명

- 현재 한국은 OECD기준과는 달리 주식이나 지분의 간접취득과 지점의 지분, 이익잉여금의 재투자, 기업간 부채(5년 이상 장기차관 제외)는 「외국인투자촉진법」상 외국인투자로 인정되지 않으나 단, 배당의 재투자는 외국인투자로 인정함[81]

- 이익잉여금에 대해 배당처분을 한 후 재투자한 경우에는 외국인투자로 인정되지만 배당처분이 없는 경우는 외국인투자로 인정되지 않음

- 즉, 이익잉여금 그 자체는 국내기업인 외국인투자기업의 유보이익이며, 외국투자가의 출자행위가 없기 때문에 외국인투자로 볼 수 없다는 의미임[82]

---

79) 「외국인투자촉진법」 제 2조 제 1항 제 8호
80) 투정 55121-159, 2001.7.9
81) 「외국인투자촉진법」 제 2조(정의)제 1항 제 4호
82) 「외국인투자촉진법」 제 2조 (정의)제 1항 제 6호

투자제한업종

사례 48 외국인의 택지개발 공급업 영위 가능여부

 외국인도 택지개발공급업을 영위할 수 있는지?

 가능하나 조건이 따름

> **보충설명**

- 외국인이 동 택지개발공급업을 영위하기 위해서는 단독 사업 추진은 불가하고, 국가·지방자치단체·LH공사 및 지방공사 등과 공동출자(지분비율 50% 미만)하여 설립한 법인 형태로 사업 참여가 가능함[83]

사례 49 외국인의 마사지업 영위 가능여부

 태국인이 한국에서 태국전통 마사지업을 차릴수 있는지? 태국에서 전문마사지사를 한국 사업장의 마사지사로 고용할수 있는지?

 외국인인 경우 단독투자로 마사지 업체를 운영할 수 없으며, 동업 또는 합작투자를 통해 마사지 업체를 운영해야 함. 또한 외국인을 발마사지사, 피부관리사, 스파 등으로 고용할 수는 없음

> **보충설명**

- 한국에서 안마사를 하기 위해서는「장애인복지법」에 따른 시각장애인 중 교육과정을 마친 자로서 시·도지사에게 자격인정을 받아야 함[84]

---

83) 「택지개발촉진법」제 7조 제 2항 및 「택지개발촉진법 시행령」 제 6조의 4
84) 「의료법」 제82조

- 현재 출입국사무소에서는 피부, 발관리 및 스포츠 마사지 업종에 종사하고자 하는 외국인인 경우 단독투자로 마사지 업체를 운영하거나 외국인 본인이 안마사로서 활동하고자 하는 경우 사증발급 인정서 발급이 불허하고 있음. 또한 외국인을 발마사지사, 피부관리사, 스파 등으로 고용할 수는 없음.

사례 50 외국인의 해외환자 유치사업 영위 가능여부

 외국인이 해외환자 유치사업을 할 수 있는지?

 투자제한업종이 아니므로 해외환자유치 사업을 할 수 있음.

보충설명

- 외국인이 외국인환자 유치업을 하려면 먼저 자본금 1억원 이상의 외국인투자기업을 설립하여 보증보험에 가입한 후(1억원이상, 1년이상 가입) 한국보건산업진흥원에 외국인환자유치업자 등록 신청을 별도로 하여야 함(유치기관 정보포털 medicalkorea.khidi.or.kr).

- 특히 보험업법 제2조에 따른 보험회사, 상조회사, 보험중개사 등은 해외환자 유치업을 할 수 없으므로 이를 제외한 업종을 영위하는 국내법인을 설립하여야 가능함. 즉, 여행업, 무역업 등 유사한 업종을 선정하여 외국인투자신고 및 외국인투자기업등록을 한 후 그러한 사업과 함께 외국인환자 유치업을 추가하여 사업을 영위하면 가능함.

사례 51. 외국인의 영리목적 교육기관에 대한 투자 허용 여부

 외국인도 한국 기존의 중, 고등학교에 영리를 목적으로 투자할 수 있는지?

 외국인투자대상 제외업종으로 영리법인 설립 불가함

보충설명

- 「외국인투자촉진법」 제4조 제3항 및 동법 시행령 제5조 제1항 제1호에서 외국인투자를 제한할 수 있는 업종에 대하여 규정하고 있으며, 관련하여 「외국인투자 및 기술도입에 관한 규정」 별표1에 구체적으로 기재되어 있음.

- 외국인의 교육에의 투자는 일부 평생교육시설 및 학원[85]에 대해서는 예외적으로 허용하고 있으나 초·중·고등학교에 대해서는 제외업종으로 분류되어 있음.

사례 52. 외국인의 자동차 할부금융업에 대한 투자 허용여부

 외제 자동차의 국내 판매를 지원하기 위한 할부금융업 분야에 대한 외국인투자 제한이 있는가?

 할부금융업은 외국인투자 제한 업종이 아니므로 자유롭게 외국인투자가 가능. 다만, 할부금융업을 하려는 자는 금융위원회에 등록하여야 하는데 최소 자본금이 200억 원 이상 되어야 등록이 가능함

---

85) 「외국인투자 및 기술도입에 관한 규정」 별표 1

보충설명

■ 정의

○ 할부금융업 : 신용카드업, 시설대여업, 신기술사업금융업 등과 함께 여신전문금융업으로 분류됨[86]
○ 할부금융 : 재화와 용역의 매매계약에 대하여 매도인 및 매수인과 각각 약정을 체결하여 매수인에게 융자한 재화와 용역의 구매자금을 매도인에게 지급하고 매수인으로부터 그 원리금을 나누어 상환받는 방식의 금융을 말함

■ 할부금융업의 등록[87]

○ 할부금융업을 하려는 자는 금융위원회에 등록하여야 함

○ 등록신청서 포함내용
　- 상호 및 주된 사무소의 소재지
　- 자본금 및 출자자의 성명 또는 명칭과 그 지분율
　- 임원의 성명
　- 경영하려는 여신전문금융업
　- 여신전문금융회사가 되려는 자는 그 취지
　- 겸영여신업자가 되려는 자는 경영하고 있는 사업의 내용
○ 자본금 요건
　- 2개 이하의 여신전문금융업을 하려는 경우: 200억 원
　- 3개 이상의 여신전문금융업을 하려는 경우: 400억 원

---

86) 「여신전문금융업법」 제2조
87) 「여신전문금융업법」 제3조

사례 53: 외국인투자기업의 육류도매업 주식 취득 허용여부

 유럽 법인 D사는 국내에 소재한 S(주)의 지분 100%를 인수하려고 검토하던 도중 육류도매업(한국표준산업분류 46312)은 외국인투자비율 50%미만인 경우에만 허용된다는 사실을 알고 한국에 단독으로 대니쉬코리아(주)를 설립한 다음 이 회사가 서울육류도매(주)의 주식 100%를 인수하려고 한다. 이런 방식의 투자가 가능한가?

 가능하지 않음. 외국인투자기업 대니쉬코리아(주)는 상법 등 대한민국 법령에 따라 설립된 내국법인이므로 「외국인투자촉진법」에 의한 외국투자가는 아니지만 외국인투자 제한업종을 영위하는 국내기업의 주식을 인수하는 경우에는 외국투자가로 간주됨. 따라서 D코리아(주)는 S(주)의 주식의 50%이상 취득하는 것이 금지됨

보충설명

■ 등록된 외국인투자기업의 금지행위[88]

○ 외국인투자가 제한되는 업종을 그 허용기준을 초과하여 운영하는 행위
○ 외국인투자가 제한되는 업종을 운영하는 다른 국내기업의 주식 등을 그 허용기준을 초과하여 취득하는 행위

※ 다만 다음의 경우 외국인투자가 제한되는 업종을 운영하는 다른 국내기업의 주식 등을 그 허용기준을 초과하여 취득가능[89]
  - 외국인투자기업의 외국인투자비율이 100분의 50 미만이고, 외국투자가(특수관계인을 포함)가 최대주주가 아닌 기업이 국내기업의 주식 등을 취득하는 경우
  - 금융업이나 보험업 등을 경영하는 외국인투자기업으로서 다른 기업의 주식 등을 취득하는 것이 사업 내용의 전부나 일부인 외국인투자기업이 다른 법령에 따라 다른 기업의 주식 등을 취득하는 경우

---

88) 「외국인투자촉진법」 제22조
89) 「외국인투자촉진법 시행령」 제29조 제2항

－ 국내기업의 발행주식 총수나 출자총액의 100분의 10 이내에서 취득하는 경우

■ 보고의무[90]

○ 국세청장 및 관세청장은 그 소관 업무와 관련된 사항에 관하여 외국인투자기업이 외국인투자제한 규정을 위반하였는지를 조사하여 이를 산업통상자원부장관에게 보고하여야 함

〈참고〉 축산 관련 분야에 대한 외국인투자 제한 내용[91]

외국인 또는 외국인투자기업에 대한 제한 내용		
업종명	업종개요 (한국표준산업분류 세세분류)	허용 기준
육우 사육업 (01212)	쇠고기를 생산하기 위하여 육우를 사육하는 산업활동을 말한다. 젖소 이외의 기타 용도의 소 사육도 여기에 포함된다.	외국인투자비율이 50% 미만인 경우에 허용
육류 도매업 (46312)	가축 및 기타 육지동물의 신선·냉장·냉동한 도축고기를 도매하는 산업활동을 말한다. 〈예 시〉 • 우육 및 돈육 도매 • 가금육 도매 • 조류고기 도매 • 냉장육 도매	외국인투자비율이 50% 미만인 경우에 허용

---

90) 「외국인투자촉진법 시행령」 제29조 제3항
91) 「외국인투자 및 기술도입에 관한 규정」 제5조 및 별표 2

Korea Trade-Investment Promotion Agency

II. 외국인투자에 대한 지원

일반

사례 54 외국인투자기업의 단기 외화자금 차입

 미국 소재 법인(외국투자가)으로부터 투자받아 자동차 부품제조를 하고 있는 외국인투자기업이 모회사로부터 20백만 달러의 자금을 10월의 기간 동안 단기 차입할 수 있는가?
(외국인투자기업등록증상의 외국인투자금액은 40백만 달러이고 외국인투자비율은 100%)

 가능함. 외국환거래법령에서 원칙적으로 거주자(외국인투자기업 포함)의 외화자금 차입시 장단기 구분은 없어졌으며 다만, 외국환거래규정 제7-14조 제2항의 요건을 갖춘 외국인투자기업은 일반 영리업체와 달리 기획재정부장관 승인이 필요한 3천만불 초과의 단기차입의 경우에도 외국환은행장 신고로만 차입할 수 있는 혜택이 있음. 외국인투자기업이 "고도기술업체"인 경우 차입한도는 외국인투자금액 만큼인 40백만 달러가 되고, 단순히 "일반제조업체"라면 외국인투자금액의 50%에 해당하는 20백만 달러가 단기외화자금 차입한도가 되는 것임.

보충설명

■ 거주자(영리법인)의 외화자금차입[92]
○ 영리법인인 거주자가 비거주자로부터 외화자금을 차입하고자 하는 경우에는 지정거래외국환은행의 장에게 신고하여야 함
○ 다만, 미화 3천만 불(차입신고시점으로부터 과거 1년간의 누적차입금액을 포함)을 초과하여 차입하고자 하는 경우에는 지정거래외국환은행을 경유하여 기획재정부장관에게 신고하여야 함
○ 신고서 양식 : 외국환거래규정 별지 제7-2호 서식 (금전의 대차계약신고서)

■ 외국인투자기업에 대한 단기 외화자금 차입 허용
○ 허용대상
  - 「외국인투자촉진법」에 의하여 일반제조업을 영위하는 업체("일반제조업체")

---

[92] 「외국환거래규정」 제7-14조

- 기획재정부장관으로부터 조세감면 결정을 받은 외국인투자기업으로서 고도의 기술을 수반하는 사업 및 산업자원 서비스업을 영위하는 업체("고도기술업체")

○ 허용한도
- 고도기술업체 : 외국인투자금액(외화금액 기준으로서 외국인투자기업등록증명서상의 투자금액과 등록되지 않은 주금납입액을 말함) 이내. 다만, 고도기술업체 중 외국인투자비율이 3분의 1 미만인 기업은 외국인투자금액의 100분의 75 이내
- 일반제조업체 : 외국인투자금액의 100분의 50

○ 단기외화자금의 정의
- 상환기간이 자금인출일로부터 기산하여 1년 이내인 외화자금
- 상환기간이 1년을 초과하는 외화자금차입 중 자금인출일로부터 1년 이내에 분할·중도상환하거나 조기상환할 수 있는 권리가 있는 외화자금(평균 차입기간이 1년을 초과하고 1년 이내의 상환금액이 총 차입금액의 100분의 20 이하인 경우는 제외)

사례 55 | 외국인투자기업의 이익배당 상한특례

 질문 외국인투자기업의 이익배당 중 주식에 의한 이익배당이 이익배당 총액의 50%에 상당하는 금액을 초과할 수 있는지?

 답변 당해 회사의 이익배당총액에 상당하는 금액까지 가능함

보충설명

■ 회사는 주주총회결의에 의하여 이익배당을 새로이 발생하는 주식으로써 할 수 있는 바 상법상 주식배당은 이익배당총액의 1/2에 상당하는 금액을 초과하지 못하도록 정하고 있으나,「외국인투자촉진법」상의 외국인투자기업은

당해 회사의 이익배당총액에 상당하는 금액까지 새로이 발행하는 주식으로서 이익배당을 할 수 있음[93]

- 이익배당 가능한도 = 대차대조표의 순자산액 − 자본금의 액 − 기적립된 자본준비금과 이익준비금 − 당기에 적립하여야 할 이익준비금 − 미실현이익[94]

- 참고로 상기와 같이 외국인투자기업에게 이익배당과 관련한 특례를 둔 것은 기업의 영업활동으로 인해서 발생한 이익을 자본금에 재편입하게 함으로써 당해 기업 규모를 확대할 수 있는 기회를 부여하기 위함임.

- 필요요건으로서는 미리 주주총회의 특별결의(주주총회 출석 주주의결권의 3분의 2이상의 수와 발행주식 총수의 3분의 1이상의 찬성)가 있어야 함[95]

사례 56 외국인학교 설립 지원

 외국인학교를 설립하는 경우 국가의 지원제도가 있는가?

 지원 제도 있음. 외국인투자촉진에 기여하는 의료시설·교육시설·주택 등의 지원여부를 외국인투자위원회에서 정할 수 있도록 하고 있음

보충설명

- 지원 원칙 : 외국인투자촉진에 기여하는 교육시설의 지원여부와 수준은 개별 수요를 고려하여 외국인투자위원회에서 정함[96]

---

[93] 「외국인투자촉진법」 제 30조(다른 법률 및 국제조약과의 관계) 제 2항, 「상법」 제 462조의 2 제1항
[94] 「상법」 제 462조 제 1항
[95] 「외국인투자촉진법」 제 30조(다른 법률 및 국제조약과의 관계)제 2항, 「상법」 제 434조
[96] 「지방자치단체의 외국인투자유치활동에 대한 국가의 재정자금 지원기준」 제15조 제1항

- 지원대상 : 시·도 교육감으로부터 학교설립계획서를 승인[97]받은 외국인학교

- 지원항목 : 부지매입비, 시설비 등

- 지원금액 : 지방자치단체가 지원하는 금액에 상당하는 금액(지방자치단체가 임대부지 등을 제공하는 경우에는 외국인투자위원회가 정하는 바에 따름)

○ 국가와 지방자치단체가 부담하는 지원금의 합이 50억 원 이상인 경우에는 50억 원까지는 수도권의 경우 100분의 40, 그 밖의 경우 100분의 50을 적용

○ 50억원을 초과하는 금액에 대해서는 지방자치단체의 외국인투자유치 실적, 재정자립도, 외국인 자녀수 등을 고려하여 외국인투자위원회의 심의를 거쳐 지원 비율을 달리 정할 수 있음[98]

○ 국가는 외국인학교의 교육수준 향상을 위해 지방자치단체가 동학교에 대해 다음 중 어느 하나에 해당하는 경비를 지원하는 경우 지방자치단체가 지원한 금액에 상당하는 금액을 지원할 수 있음[99]
  - 국제인증기관의 인증취득
  - 국제 표준화 교육과정 도입
  - 다국적 교육과정 추가신설

〈참고〉 종전의 학교 운영비 지원 제도는 폐지(2008.7.10.)

운영비 지원제도 : 외국인학교의 원활한 운영을 위해 학교를 설립한지 10년 이내의 외국인학교로서 규모의 과소 등으로 초기운영에 어려움이 있어 지방자치단체가 동학교에 대해 운영비를 지원하는 경우 5년의 범위내에서 지방자치단체가 지원한 금액에 상당하는 금액 지원

---

[97] 「고등학교 이하 각급 학교 설립·운영 규정」제15조
[98] 「지방자치단체의 외국인투자유치활동에 대한 국가의 재정자금 지원기준」제15조 제2항
[99] 「지방자치단체의 외국인투자유치활동에 대한 국가의 재정자금 지원기준」제15조 제3항

사례 57. 창업중소기업에 대한 조세감면

 외국인이 제주지역에서 관광호텔업을 영위하기 위한 목적으로 외국인투자를 하는 경우에도 창업중소기업으로 인정 받아 조세감면을 받을 수 있는가?

 「외국인투자촉진법」에 따르면 대한민국국민 또는 대한민국법인에 적용되는 조세에 관한 법률 중 감면에 관한 규정은 법률에 특별한 규정이 있는 경우 외에는 외국투자가, 외국인투자기업 등에 대하여도 같이 적용되도록 규정하고 있음[100].
따라서 외국인투자기업도 창업중소기업 요건을 충족시키는 경우 순수 국내법인과 동일하게 조세감면이 가능함

보충설명

창업중소기업에 대한 조세감면

주의 : 일몰기한과 대상업종의 범위는 매해 개정가능하므로 적용시점에 확인 요함

■ 대상 업종

○ 관광숙박업(호텔업 및 휴양 콘도미니엄업),국제회의업, 유원시설업, 전문휴양업과 종합휴양업 등

○ 기타 제조업, 건설업, 출판업 등 노인복지시설을 운영하는 사업, 음식점업 등 다수업종

---

[100] 「외국인투자촉진법」제3조 제3항

■ 감면 내용

○ 법인세 감면 [101]
  - 대상 :
  ① 2015년 12월 31일 까지 수도권과밀억제권역 외의 지역에 창업한 중소기업(창업중소기업)
  ② 2015년 12월 31일까지 창업후 3년 이내에 벤처기업육성에 관한 특별조치법에 의한 벤처기업으로 확인받은 중소기업으로서 일정요건을 갖춘 기업 (창업벤처중소기업)
  ③ 창업일이 속하는 과세연도와 그 다음 3개 과세연도가 지나지 아니한 중소기업으로서 2015년 12월 31일까지 다음의 고효율제품등을 제조하는 에너지신기술중소기업에 해당하는 기업(에너지신기술중소기업)
  - 감면 내용 : 해당 사업에서 최초로 소득이 발생한 과세연도(사업개시일부터 5년이 되는 날이 속하는 과세연도까지 해당 사업에서 소득이 발생하지 아니하는 경우에는 5년이 되는 날이 속하는 과세연도)와 그 다음 과세연도의 개시일부터 4년 이내에 끝나는 과세연도까지 해당 사업에서 발생한 소득에 대한 법인세의 50% 을 감면

○ 취득세 감면 [102]
  - 대상 :
  ① 2016년 12월 31일까지 수도권 과밀억제권역 외의 지역에 창업한 중소기업
  ② 2016년 12월 31일까지 창업후 3년 이내에 이내에 벤처기업육성에 관한 특별조치법에 의한 벤처기업으로 확인받은 중소기업으로서 요건을 갖춘 기업
  - 감면 내용 : 해당 사업에서 창업일부터 4년 이내에 취득하는 사업용 재산에 대해서 취득세의 75%를 감면함
  - 추징 : 취득일부터 2년 이내에 그 재산을 정당한 사유 없이 해당 사업에 직접 사용하지 아니하거나 다른 목적으로 사용, 처분(임대포함)하는 경우 또는 정당한 사유 없이 최초 사용일부터 2년간 해당 사업에 직접 사용하지 아니하거나 처분하는 경우에는 감면세액을 추징함.

---

101) 「조세특례제한법」 제6조 제1항
102) 「지방세특례제한법」 제58조의 3 제1항

○ 재산세 감면[103]
  - 대상 :
  ① 2016년 12월 31일까지 수도권 과밀억제권역 외의 지역에 창업한 중소기업
  ② 2016년 12월 31일까지 창업후 3년 이내에 벤처기업육성에 관한 특별조치법에 의한 벤처기업으로 확인 받은 중소기업으로서 요건을 갖춘 기업
  - 감면 내용 : 해당 사업에 직접 사용(임대는 제외)하는 사업용 재산에 대해서는 창업일부터 5년간 재산세의 50%을 감면함

○ 등록면허세 면제[104]
  - 대상 :
  ① 2016년 12월 31일까지 창업하는 창업중소기업(창업일부터 4년 이내에 자본 또는 출자액을 증가하는 경우를 포함함)
  ② 2016년 12월 31일까지 벤처기업육성에 관한 특별조치법 제2조의 2 제1항 제2호 다목에 따라 창업 중에 벤처기업으로 확인 받은 중소기업
  - 감면 내용 : 해당 기업의 법인설립등기에 대한 등록면허세를 면제함(②의 경우, 확인을 받은 날로부터 1년 이내로 한정)
  * 주의 : 일몰기한과 대상업종은 개정될 수 있으므로 적용 당시 확인 요함

■ 중소기업시책의 대상이 되는 중소기업 요건[105]

○ 자산총액이 5천억원 미만인 기업
○ 직전 3개 사업연도의 평균 매출액 또는 연간 매출액(이하 '평균매출액등'이라 함)이 별표 1의 기준에 맞을 것

[별표1] 주된 업종별 평균매출액등의 규모기준[106]

---

103) 「지방세특례제한법」 제58조의 3 제2항
104) 「지방세특례제한법」 제58조의 3 제3항
105) 「중소기업기본법」 제2조 및 「중소기업기본법 시행령」 제3조

해당 기업의 주된 업종	분류기호	규모 기준
1. 의복, 의복액세서리 및 모피제품 제조업	C14	평균매출액등 1,500억원 이하
2. 가죽, 가방 및 신발 제조업	C15	
3. 펄프, 종이 및 종이제품 제조업	C17	
4. 1차 금속 제조업	C24	
5. 전기장비 제조업	C28	
6. 가구 제조업	C32	
7. 농업, 임업 및 어업	A	평균매출액등 1,000억원 이하
8. 광업	B	
9. 식료품 제조업	C10	
10. 담배 제조업	C12	
11. 섬유제품 제조업(의복 제조업은 제외한다)	C13	
12. 목재 및 나무제품 제조업(가구 제조업은 제외한다)	C16	
13. 코크스, 연탄 및 석유정제품 제조업	C19	
14. 화학물질 및 화학제품 제조업(의약품 제조업은 제외한다)	C20	
15. 고무제품 및 플라스틱제품 제조업	C22	
16. 금속가공제품 제조업(기계 및 가구 제조업은 제외한다)	C25	
17. 전자부품, 컴퓨터, 영상, 음향 및 통신장비 제조업	C26	
18. 그 밖의 기계 및 장비 제조업	C29	
19. 자동차 및 트레일러 제조업	C30	
20. 그 밖의 운송장비 제조업	C31	
21. 전기, 가스, 증기 및 수도사업	D	
22. 건설업	F	
23. 도매 및 소매업	G	
24. 음료 제조업	C11	평균매출액등 800억원 이하
25. 인쇄 및 기록매체 복제업	C18	
26. 의료용 물질 및 의약품 제조업	C21	
27. 비금속 광물제품 제조업	C23	
28. 의료, 정밀, 광학기기 및 시계 제조업	C27	
29. 그 밖의 제품 제조업	C33	
30. 하수·폐기물 처리, 원료재생 및 환경복원업	E	
31. 운수업	H	
32. 출판, 영상, 방송통신 및 정보서비스업	J	
33. 전문, 과학 및 기술 서비스업	M	평균매출액등 600억원 이하
34. 사업시설관리 및 사업지원 서비스업	N	
35. 보건업 및 사회복지 서비스업	Q	
36. 예술, 스포츠 및 여가 관련 서비스업	R	
37. 수리(修理) 및 기타 개인 서비스업	S	
38. 숙박 및 음식점업	I	평균매출액등 400억원 이하
39. 금융 및 보험업	K	
40. 부동산업 및 임대업	L	
41. 교육 서비스업	P	

비고: 해당 기업의 주된 업종의 분류 및 분류기호는 「통계법」 제22조에 따라 통계청장이 고시한 한국표준산업분류에 따른다.

○ 소유와 경영의 실질적인 독립성이 다음 중 어느 하나에 해당하지 아니하는

기업
- 「독점규제 및 공정거래에 관한 법률」 제14조 제1항에 따른 상호출자제한기업집단에 속하는 회사
- 자산총액이 5천억원 이상인 법인(외국법인 포함)이 주식 등의 100분의 30 이상을 직접적 또는 간접적으로 소유한 경우로서 최다출자자인 기업
- 관계기업에 속하는 기업의 경우에는 「중소기업기본법 시행령」제7조의4에 따라 산정한 평균매출액 등이 「중소기업기본법 시행령」 별표 1의 기준에 맞지 아니하는 기업

■ 중소기업 졸업 유예

○ 중소기업이 그 규모의 확대 등으로 중소기업에 해당하지 아니하게 된 경우 그 사유가 발생한 연도의 다음 연도부터 3년간은 중소기업으로 봄.

○ 다만, 중소기업 외의 기업과 합병 하는 경우 등은 예외[107]

■ 정부 등의 책무[108]

○ 정부는 중소기업기본법의 목적을 달성하기 위하여 기본적이고 종합적인 중소기업시책을 세워 실시하여야 함

○ 지방자치단체는 정부의 중소기업시책에 따라 관할 지역의 특성을 고려하여 그 지역의 중소기업시책을 세워 실시하여야 함

■ 중소기업의 판로 확보[109]

○ 정부는 정부, 지방자치단체, 공공단체 및 정부투자기관 등이 물품 또는 용역을 조달할 때에는 중소기업자의 수주 기회를 증대시키기 위하여 필요한 시

---

106) 「중소기업기본법 시행령」 [별표1]
107) 「중소기업기본법 시행령」 제9조
108) 「중소기업기본법」 제3조
109) 「중소기업기본법」 제7조

책을 실시하여야 함

○ 정부는 중소기업 제품의 판로 확대를 위하여 유통 구조의 현대화와 유통 사업의 협동화 등 유통의 효율화에 필요한 시책을 실시하여야 함

사례 58 외국인투자와 Round trip

 국내 대기업이 미국 법인과 합작으로 미국 LA에 설립한 현지 법인이 다시 국내에 투자를 하는 경우 「외국인투자촉진법」상 외국인투자에 해당 하는가?

 외국인투자에 해당됨. 다만, 인센티브를 받을 때는 제약이 있을 수 있음.

보충설명

Round trip

■ 개요
○ '외국투자가'란 「외국인투자촉진법」에 따라 주식 등을 소유하고 있거나 출연을 한 외국인을 말하며[110], '외국인'이란 외국의 국적을 가지고 있는 개인(대한민국의 국적을 가지고 거주지국의 영주권을 취득하거나 영주권에 갈음하는 체류 허가를 받은 자 포함), 외국의 법률에 따라 설립된 법인 등을 말함[111]. 따라서 미국의 현지 법인은 미국의 법률에 따라 설립된 미국법인으로 외국투자가의 정의에 부합하므로 외국인직접 투자를 하는데 있어 특별한 제약은 없음
○ 다만, 이런 방식의 투자를 'Round Trip' 이라고 하며 외국인투자에 대한 조세 지원 등의 적용을 배제하고 있음
■ 조세감면 배제

---

110) 「외국인투자촉진법」 제2조 제1항 제5호
111) 「외국인투자촉진법」 제2조 제1항 제1호

○ 외국인투자에 대한 조세감면 규정을 적용할 때 조세감면대상으로 보지 아니하는 경우[112]

유 형	조세감면대상으로 보지 아니하는 상당액
대한민국 국민(*) 또는 대한민국 법인("대한민국국민 등")이 외국법인 또는 외국기업("외국법인 등")의 의결권 있는 주식 등의 100분의 10 이상을 직접 또는 간접으로 소유하고 그 외국법인등이 외국인투자를 하는 경우	외국법인 등의 외국인투자금액 × 대한민국국민 등이 해당 외국법인 등의 주식 등 소유비율
외국인투자기업 또는 그 외국인투자기업의 의결권 있는 주식 등을 소유하고 있는 대한민국 국민 등(**)이 외국투자가에게 대여한 금액이 있는 경우	외국인투자금액 중 외국인투자기업 또는 그 외국인투자기업의 의결권 있는 주식 등을 소유하고 있는 대한민국국민 등이 외국투자가에게 대여한 금액 상당액

* 외국에 영주하고 있는 사람으로서 거주지국의 영주권을 취득하거나 영주권을 갈음하는 체류허가를 받은 사람은 제외
** 의결권 있는 주식 등을 100분의 10 이상 소유하고 있는 경우에 한정

○ 주식의 간접소유비율 계산 : 조세특례제한법 시행령 제116조의2 제12항 참조
※ 조세감면 신청서를 제출할 때 'Round Trip'여부를 밝히도록 되어있음(조세특례제한법 시행규칙 별지 제80호 서식 제10항 참조)

■ 재정자금 지원 배제

○ 국가의 재정자금 지원은 당해 지방자치단체가 외국인투자비율이 100분의 30이상이거나 외국인이 제1대주주인 외국인투자를 유치하는 경우에 한함

○ 외국인투자를 하는 외국법인 또는 외국기업의 의결권 있는 주식(출자지분 포함)을 대한민국 국민 또는 대한민국 법인이 직접 또는 간접으로 소유한 경우에는 그 주식의 소유비율에 상당하는 부분은 외국인투자비율을 계산함에 있어서 외국인투자로 보지 아니함[113]

---

112) 「조세특례제한법」제121조의2 제11항 및 「조세특례제한법 시행령」제116조의2 제11항
113) 「지방자치단체의 외국인투자유치활동에 대한 국가의 재정자금 지원기준」제5조 제2항

■ 조세특례제한법 시행규칙 [별지 제80호서식] <개정 2012.2.28>

[ ] 조세감면신청서
[ ] 조세감면내용변경신청서

※ 뒤쪽의 작성방법을 읽고 작성하시기 바라며, [ ]에는 해당되는 곳에 √표를 합니다. (앞쪽)

접수번호	접수일자			처리기간	20 일
외국 투자가	① 상호 또는 명칭(영문)			② 국 적	
	③ 외국인투자기업명(영문)			④ 사업자등록번호 (국적)	
	⑤ 영위하는 업종				
외국인 투자내용	⑥ 신고된 사업			⑦ 신고일	
	⑧ 주식 등의 취득총액	원(USD 상당)		⑨ 주식등의 액면총액	원
	⑩ 「조세특례제한법 시행령」 제116조의2제11항에 따른 주식 등의 직접 또는 간접소유비율이 10% 이상인지 여부			[ ]예 [ ]아니오	
⑪ 투자 방법	현 금	원	자본재	원	주 식	원
	부동산	원	지적재산권 등			원
⑫ 입지					
⑬ 구분	[ ]신 규 [ ] 증 자		⑭ 사업개시일		
조세감면 신청내용	⑮ 감면대상 사업의 구분	「조세특례제한법」 제121조의2제1항제( )호에 해당			
	도입되는 기술의 내용	⑯ 해당 항목			
		⑰ 국내도입일			
⑱ 변경신청할 항목	[ ] 외국투자가 [ ] 외국인투자기업 [ ] 투자금액 및 투자방법 [ ] 감면 법 규정 [ ] 감면사업범위 [ ] 감면사업에 사용되는 고도기술 범위				
⑲ 변경 신청할 내용	이미 조세감면 결정받은 내용		변경신청할 내용		

「조세특례제한법」 제121조의2제6항에 따라 위와 같이 신청합니다.

년 월 일

신청인 또는 대리인 (서명 또는 인)

기획재정부장관 귀하

첨부서류	1. 신청 및 신고내용을 구체적으로 증명하거나 설명하는 서류 사본 1부 (외국투자가가 기업인 경우 영업활동을 설명하는 서류를 포함합니다) 2. 감면사유가 「조세특례제한법」 제121조의2제1항제1호에 해당하는 경우 해당 산업지원 서비스업 및 고도의 기술을 수반하는 사업에 대한 사용 및 기술이전에 관한 계약서 1부	수수료 없 음

210mm×297mm[백상지 80g/㎡ 또는 중질지 80g/㎡]

사례 59: 해외진출기업의 국내복귀(U-TURN 투자)에 대한 조세감면

질문 외국인투자기업이 중국에 설립한 자회사가 국내로 철수하는 경우 세액감면이 가능한가?

답변 일정한 요건을 충족시킬 경우 세액감면이 가능함[114]

보충설명

■ 해외진출기업의 국내복귀에 대한 세액감면

> 주의 : 일몰기한은 개정가능하므로 적용시점에 확인 요함

○ 투자자 자격 요건 : 국외에서 2년 이상 계속하여 경영하던 사업장을 소유하거나 실질적으로 지배하는 대한민국 국민 또는 대한민국 법률에 따라 설립된 법인(「외국인투자 촉진법」에 따른 외국인투자기업 포함)

○ 적용기한 : 2015년 12월 31일

○ 지역 요건 : 「수도권정비계획법」에 의한 수도권(서울특별시, 인천광역시 및 경기도)을 제외한 지역

○ 대상 사업 : 사업장을 국내로 이전 또는 복귀하는 경우 한국표준산업분류에 따른 세분류를 기준으로 이전 또는 복귀 전의 사업장에서 영위하던 업종과 이전 또는 복귀 후의 사업장에서 영위하는 업종이 동일하여야 함

---

114) 「조세특례제한법」 제104조의24, 「조세특례제한법 시행령」 제104조의2

○ 조세감면 내용 및 요건

구 분	조세감면 내용	국외 사업장 양도 또는 폐쇄 요건
국외에서 2년 이상 계속하여 경영하던 사업장을 국내로 이전하는 경우 (Type I)	• 이전 후의 사업장에서 발생하는 소득에 대하여 이전일이 속하는 과세연도와 그 다음 과세연도 개시일부터 4년 이내에 끝나는 과세연도에는 소득세 또는 법인세의 100분의 100에 상당하는 세액을 감면하고, • 그 다음 2년 이내에 끝나는 과세연도에는 소득세 또는 법인세의 100분의 50에 상당하는 세액을 감면	• 수도권 밖의 지역에 창업하거나 사업장을 신설하여 사업을 개시한 날부터 4년 이내에 국외에서 운영하던 사업장을 양도하거나 폐쇄할 것 • 국외에서 운영하던 사업장을 양도하거나 폐쇄한 날부터 1년 이내에 수도권 밖의 지역에 창업하거나 사업장을 신설할 것
국외에서 2년 이상 계속하여 경영하던 사업장을 부분 축소 또는 유지하면서 국내로 복귀하는 중소기업으로서 국내에 사업장이 없는 경우 (Type II)	• 복귀 후의 사업장에서 발생하는 소득에 대하여 복귀일이 속하는 과세연도와 그 다음 과세연도 개시일부터 2년 이내에 끝나는 과세연도에는 소득세 또는 법인세의 100분의 100에 상당하는 세액을 감면하고, • 그 다음 2년 이내에 끝나는 과세연도에는 소득세 또는 법인세의 100분의 50에 상당하는 세액을 감면	해당 사항 없음(*)

* 종전에는 국외에서 운영하던 사업장을 양도하거나 폐쇄하지 않으면 round trip으로 분류되어 조세감면이 불가능하였지만 2013.1.1. 신설된 조세감면 요건 Type II의 경우 국외사업장 양도·폐쇄가 조세감면 필수 요건이 아니므로 round trip 중 u-turn 투자요건을 충족시키는 경우 조세감면이 가능하게 됨

○ 감면 세액의 추징
  - 사업장을 이전 또는 복귀하여 사업을 개시한 날부터 3년 이내에 그 사업을 폐업하거나 법인이 해산한 경우. 다만, 합병·분할 또는 분할합병으로 인한 경우는 제외
  - 국외 사업장 양도 또는 폐쇄 요건을 충족시키지 아니한 경우(국외에서 2년 이상 계속하여 경영하던 사업장을 국내로 이전하는 경우에 한함)

○ 추징세액 : 감면받은 소득세 또는 법인세 전액에 이자상당액 가산

사례 60: 외국인 기술자에 대한 조세혜택

 외국인 기술자에 대해 근로소득에 대한 세금감면 등의 제도는 없는가?

 외국인 기술자가 국내에서 내국인에게 근로를 제공하고 지급받는 근로소득으로서 최초로 근로를 제공한 날로부터 2년이 되는 날이 속하는 달까지 발생한 근로소득에 대하여 소득세의 50% 감면됨

보충설명

■ 외국인 기술자에 대한 근로소득 세액감면[115]
- 내용 : 당해 외국인 기술자가 국내에서 내국인에게 근로를 제공하고 지급받는 근로소득의 50% 상당세액을 감면함.
- 기간 : 국내에서 최초로 근로를 제공한 날(2010년 1월 1일 이후부터 2018년 12월 31일이전인 경우에만 해당)로부터 2년이 되는 날이 속하는 달까지 발생한 근로소득
- 외국인기술자의 범위
  ① 계약금액 30만불 이상 엔지니어링기술의 도입계약에 의해 국내에서 기술을 제공하는 자
  ② 다음의 요건을 갖춘 외국인투자기업의 연구개발시설의 연구원
    - 상시고용 연구전담인력(자연계분야 학사 학위소지자로서 3년 이상의 연구경력이 있거나 자연계분야 석사 이상의 학위소지자) : 5인 이상
    - 독립된 연구시설
    - 연구개발을 위한 시설투자금액 : 1억원 이상
    - 의결권 있는 외국인투자비율 : 30% 이상

■ 외국인 기술자에 대한 근로소득 세액감면 (일몰조항)
- 내용 : 외국인 기술자가 「외국인투자촉진법」에 따른 기술도입계약에 의하여 국내에서 고도기술수반사업을 영위하는 외국인투자기업에 감면결정통지받은 고도기술을 제공하고 지급받는 근로소득의 50% 상당세액을 감면함.
- 기간 : 그 외국인투자기업에 근로를 제공한 날(2014년 12월 31일 이전인 경우에만 해당)부터 2년이 되는 날이 속하는 달까지 발생한 근로소득

---

[115] 「조세특례제한법」 제18조

■ 참고 : 외국인 근로자에 대한 근로소득 과세특례[116]
○ 내용 : 다음의 근로소득에 대한 소득세는 근로소득에 17%의 단일세율을 적용하여 분리과세하는 방법을 적용받을 수 있음.
- 외국인 근로자가 국내에서 근무함으로써 지급받는 근로소득으로서 국내에서 최초로 근로를 제공한 날부터 5년 이내에 끝나는 과세기간(2016년 12월 31일까지만 해당)까지 받는 근로소득
- 「외국인투자촉진법 시행령」 제20조의 2 제4항 제1호에 따른 지역본부(헤드쿼터 인증기업)에 근무함으로써 받는 근로소득
○ 분리과세를 선택하는 경우, 「소득세법」 및 「조세특례제한법」에 따른 소득세와 관련된 비과세, 공제, 감면 및 세액공제에 관한 규정은 적용하지 아니함.

사례 61. 국내원천 고도기술에 대한 조세감면 여부

고도기술을 보유한 한국기업이 해외투자를 받을 때도 조세감면이 가능한가?

원칙적으로 불가능함. 고도기술수반사업을 영위하는 외국인 투자법인에게 조세감면의 혜택을 주는 이유는 해외의 우수한 기술을 도입하여 한국의 산업을 발전시키고자 하는 의도가 큼. 따라서 국내에 이미 존재하는 기술에 대해서는 조세감면이 이루어지지 아니함.

보충설명

■ 조세감면 신청서 접수처 및 결정시 소요기간[117]
○ 조세감면 신청은 외국인투자기업의 사업개시일이 속하는 과세연도의 종료일까지 기획재정부 장관에게 제출되어야 함.
○ 기획재정부 장관은 주무장관과 협의하여 감면 해당여부를 20일 이내에 결정하고 이를 신청인에게 통지하여야 함.

---

116) 「조세특례제한법」 제18조의 2
117) 「조세특례제한법 시행령」 제116조의 3

■ 조세감면 신청기한[118]
○ 외국인투자기업의 사업개시일이 속하는 과세연도의 종료일. 예를 들어 사업연도를 1.1~12.31으로 정하고 있는 법인으로서 2015년 1월 1일에 설립한 법인과 2015년 12월 25일에 설립된 법인 모두 2015년 12월 31일까지 조세감면 신청을 해야 함.

■ 조세감면기간 경과 후 감면신청[119]
○ 감면신청 기한 경과 후 감면결정을 받은 경우에는 그 감면 신청일이 속하는 과세연도와 그 이후 잔존감면기간에 한하여 감면 받을 수 있으며, 감면 결정 이전에 납부한 세액은 환급되지 아니함.

사례 62 증자등기에 대한 등록면허세의 조세감면 여부

 조세감면을 받고 있는 외국인 투자기업이 자본금을 증자하는 경우, 자본금 증자등기와 관련한 등록면허세는 감면대상인가?

 외국인 투자기업의 자본금 증자등기와 관련한 등록면허세는 감면대상이 아님

보충설명

■ 해석기준

○ 외국인투자기업이 증자하는 경우 「조세특례제한법」 제121조의 2 및 제121조의 3의 규정을 준용하여 감면함.[120]

○ 감면대상 취득세는 신고한 사업을 하기 위하여 취득하는 재산에 대한 취득세(취득과 관련된 취득세 및 등록세가 통합됨)임[121]. 외국인투자기업이 증자하

---

118) 「조세특례제한법」 제121조의2 제6항
119) 「조세특례제한법」 제121조의2 제10항
120) 「조세특례제한법」 제121조의 4 제1항
121) 「조세특례제한법」 제121조의 2 제4항

는 경우에는 그 증자분에 의하여 신고한 사업을 하기 위하여 취득하는 재산에 대한 취득세를 '자본증자에 관한 변경등기를 한 날' 후 5년 동안 관련 산출세액에 외국인투자비율을 곱한 금액(감면대상세액)의 전액을, 그 다음 2년 동안은 감면대상세액의 50% 상당세액을 감면받음.

○ 외국인투자기업의 법인 설립 등기 및 자본증가에 관한 변경등기와 관련하여 발생하는 등록면허세는 감면대상이 아님.

사례 63 외국인투자기업의 증자시 조세감면 기산일

외국인투자기업이 증자를 할 경우 조세감면 기산일은?

원칙적으로 조세감면 기산일은 감면대상이 되는 사업을 개시한 후 해당 사업에서 최초의 소득이 발생한 과세연도의 개시일이나, 자본증가에 관한 변경등기를 한 날로부터 5년이 되는 날이 속하는 과세연도까지 당해 사업에서 소득이 발생하지 아니한 때에는 5년이 되는 날이 속하는 과세연도의 개시일로 함

보충설명[122]

■ 외국인투자기업이 증자하는 경우 신규투자에 관한 규정인 「조세특례제한법」 제121조의 2 및 제121조의 3의 규정을 준용하여 감면하며, 이때 사업개시일은 '자본증가에 관한 변경등기를 한 날'로 함.[123]
따라서 조세감면 기산일은 증자에 대한 감면대상사업에서 최초의 소득이 발생한 과세연도와 '자본증가에 관한 변경등기를 한 날'로부터 5년이 되는 날이 속하는 과세연도 중 빨리 도래하는 과세연도의 개시일로 하며[124],
조세감면신청기한은 당해 외국인투자기업의 '자본증가에 관한 변경등기를 한날'이 속하는 과세연도의 종료일이 됨.

---

122) 「조세특례제한법」 제121조의 4
123) 「조세특례제한법」 제121조의 4 제1항 및 제3항
124) 국제세원관리담당관실-1549, 2008.8.26

- 한편, 「외국인투자촉진법」 제7조 제1항 제1호에 따른 준비금 · 재평가적립금, 그 밖의 다른 법령에 따른 적립금의 자본전입으로 인하여 외국투자가가 취득한 주식 등 및 「외국인투자촉진법」 제 7조 제1항 제4호에 따라 외국투자가가 취득한 주식 등으로부터 생긴 과실(주식 등으로 한정한다)을 출자하여 취득한 주식 등에 대해서는 그 발생근거가 되는 주식 등에 대한 감면의 예에 따라 그 감면기간의 남은 기간과 그 남은 기간의 감면비율에 따라 감면함.[125]

- 또한, 외국인투자신고 후 최초의 조세감면결정 통지일부터 3년이 되는 날 이전에 외국인투자기업이 조세감면결정 시 확인된 외국인투자신고금액의 범위에서 증자하는 경우에는 「조세특례제한법」 제121조의2 제6항에 따른 감면신청을 하지 아니하는 경우에도 그 증자분에 대하여 동법 제121조의2 제8항에 따른 감면결정을 받은 것으로 봄.[126]

사례 64 | 사업개시 전 이자수익 발생시 조세감면 기산일

 외국인투자기업이 감면 사업개시 전에 납입자본금을 금융기관에 예치하여 발생한 이자수익을 최초로 소득이 발생하였다고 보아 이자수익이 발생한 날을 감면 기산일로 보아야 하는가?

 외국인투자기업이 감면 사업개시 전에 납입자본금을 금융기관에 예치하여 발생한 이자수익은 감면대상소득에 해당하지 아니하므로 동 소득의 발생시점이 감면 기산일로 볼 수 없음.

보충설명[127]

- 외국인투자기업의 법인세 감면 기산일은 「조세특례제한법」 제121조의 2 제2항의 규정에 의하여 외국인투자기업이 당해 감면사업을 개시한 '후' 당해 사업에서 최초로 '소득'이 발생한 과세연도(사업개시일부터 5년이 되는 날이

---

125) 「조세특례제한법」 제121조의 4 제2항
126) 「조세특례제한법」 제121조의 4 제5항
127) 서면2팀-2560, 2004.12.08

속하는 과세연도까지 당해 감면사업에서 소득이 발생하지 아니한 때에는 5년이 되는 날이 속하는 과세연도)부터 적용하는 것임.

- 따라서, 외국인투자기업이 당해 감면사업개시 '전'준비기간에 납입자본금을 금융기관에 예치함으로써 발생한 이자수익은 감면대상소득에 해당되지 않는 것이며, 따라서 감면기산일의 대상이 되는 소득에 해당하지 아니함.

- 한편, '최초로 소득이 발생한 때'에서 '소득'이라 함은 법인세법 제14조에서 규정하고 있는 각 사업연도소득을 의미함[128].

사례 65 외국인투자가가 변경된 경우 조세감면결정의 효력

외국인투자지역에 입주하는 외국인투자기업이 당초 조세감면결정시의 영위사업내용·외국인투자비율 등에 대한 변동 없이 주식전량을 다른 외국법인에게 양도하는 경우 조세감면결정을 다시 받아야하는지?

외국인투자기업의 당초 조세감면결정시의 영위사업·외국인투자비율 등의 변동 없이 외국인투자가의 주식 전부를 다른 외국법인에게 양도하여 외국투자가의 내용만이 변경되는 경우, 동 외국인투자기업에 대한 당초 조세감면결정내용은 조세감면결정 당시의 내용 그대로 유효한 것임.

보충설명

- 조세감면내용 변경신청[129]
  - 외국인투자기업이 당초 조세감면결정을 받은 사업내용을 변경한 경우, 그 변경된 사업에 대한 감면을 받으려면 기획재정부장관에게 조세감면내용 변경신청을 하여야 함.
  - 조세감면 변경 신청기한 : 해당 변경사유가 발생한 날부터 2년이 되는 날

---

128) 국제세원관리담당관실-353, 2010.8.10
129) 「조세특례제한법」 제121조의 2 제6항 후단

- 이에 따른 조세감면내용 변경결정이 있는 경우, 그 변경결정의 내용은 당초 감면기간의 잔여기간에 대해서만 적용

■ 한편, 외국인투자기업이 당초 조세감면결정시의 영위사업내용·외국인투자비율 등에 대한 변동 없이 외국투자가의 내용만이 변경(주식 전량을 다른 외국인에게 양도)되는 경우, 동 외국인투자기업에 대한 당초 조세감면결정내용은 외국인투자가의 내용 변경 후에도 조세감면결정 당시의 내용 그대로 유효한 것임[130].

사례 66 외국인투자기업이 조세감면을 적용받던 중 일부 사업을 내국법인에게 양도한 경우

 고도기술산업을 영위하여 조세감면을 받던 외국인투자기업이 일부 사업부를 내국법인에게 양도하는 경우 조세감면을 받을 수 있는지?

 외국인투자법인이 「조세특례제한법」 제121조의 2 제1항 제1호 규정에 의한 사업을 영위하여 법인세 등의 감면을 적용받던 중 일부 사업부를 내국법인에게 양도한 경우, 당해 양도한 사업과 관련한 감면세액에 대하여는 같은 법 시행령 제116조의 7 규정에 따라 감면세액을 추징하는 것임.

보충설명

■ 조세감면세액의 추징

○ 법인세 감면세액의 추징[131] : 법인세를 감면받은 외국인투자기업은 다음의 어느 하나에 해당하는 사유가 발생한 경우 해당 사유가 발생한 날이 속하는 과세연도의 과세표준신고를 할 때 추징세액에 이자 상당 가산액*)을 가산하여 법인세로 납부하여야 함

---

130) 서면2팀-225, 2007.6.20
131) 「조세특례제한법」 제 121조의 5 제1항 및 「조세특례제한법 시행령」 제116조의7 제1항

① 「외국인투자촉진법」에 따라 등록이 말소된 경우 : 말소일로부터 소급하여 5년간 감면세액
② 조세감면기준[132]에 해당하지 아니하게 된 경우: 조세감면기준에 해당하지 아니하게 된 날로부터 소급하여 5년간 감면세액
③ 신고내용을 불이행하여 「외국인투자촉진법」 제28조 제5항에 따른 시정명령을 받은 자가 이를 이행하지 아니한 경우 : 시정명령기간 만료일로부터 소급하여 5년간 감면세액
④ 외국투자가가 주식 등을 대한민국 국민 또는 대한민국 법인에 양도하는 경우 : 주식 등의 양도일로부터 소급하여 5년간 감면세액에 감면 당시의 외국투자가 소유의 주식 등에 대한 양도주식등의 비율을 곱하여 산출한 세액
⑤ 해당 외국인투자기업이 폐업하는 경우 : 폐업일로부터 소급하여 5년간 감면세액
⑥ 고도기술수반사업 및 산업지원서비스업 외의 사업을 하는 외국인투자기업이 외국인투자신고 후 5년(고용관련 조세감면기준은 3년)이내에 출자목적물의 납입 및 장기차관의 도입 또는 고용인원이 조세감면기준에 미달하는 경우: 외국인투자신고 후 5년(고용관련 조세감면기준 미달의 경우 3년)이 경과한 날로부터 소급하여 5년(고용관련 조세감면기준미달의 경우에는 3년)간 감면세액
*) 이자상당가산액 = 감면세액 × 3/10,000 × 감면받은 과세연도의 과세표준신고일의 다음날부터 추징사유가 발생한 날이 속하는 과세연도의 과세표준신고일까지의 기간

○ 지방세 감면세액의 추징[133] : 지방자치단체의 장은 다음의 어느 하나에 해당하는 추징사유가 발생한 경우에는 각 사유별 추징범위에 따라 감면된 취득세 및 재산세를 추징함.

① 「외국인투자촉진법」에 따라 등록이 말소된 경우 : 등록말소일로부터 소급하여 5년 이내에 감면된 세액

---

[132] 「조세특례제한법 시행령」 제116조의 2 제1항, 제3항, 제5항부터 제7항까지, 제9항, 제10항 및 제16항부터 제21항까지에 규정되어 있는 조세감면대상이 되는 사업요건, 최소 외국인투자금액요건, 상시고용인원요건 등을 말함
[133] 「조세특례제한법」 제 121조의 5 제3항 및 「조세특례제한법 시행령」 제116조의 9 제1항

② 외국인투자자의 지분율이 감면 당시의 지분율에 미달하게 되는 경우 : 주식 등의 비율이 미달하게 된 날부터 소급하여 5년 이내에 감면된 세액에 미달 비율을 곱하여 산출한 세액
③ 외국투자가가 주식 등을 대한민국 국민 또는 대한민국 법인에 양도하는 경우 : 주식 등을 양도한 날부터 소급하여 5년 이내에 감면된 세액에 양도비율을 곱하여 산출한 세액
④ 해당 외국인투자기업이 폐업하는 경우 : 폐업일부터 소급하여 5년 이내에 감면된 세액
⑤ 고도기술수반사업 및 산업지원서비스업 외의 사업을 하는 외국인투자기업이 외국인투자신고 후 5년(고용과 관련된 조세감면기준에 미달하는 경우에는 3년) 이내의 실제 투자금액이 조세감면기준에 미달하는 경우 : 외국인투자신고 후 5년(고용과 관련된 조세감면기준에 미달하는 경우에는 3년)이 경과한 날부터 소급하여 5년(고용과 관련된 조세감면기준에 미달하는 경우에는 3년) 이내에 감면된 세액

■ 관세 등 감면세액의 추징[134] :
○ 세관장 또는 세무서장은 다음의 어느 하나에 해당하는 경우에는 각 사유별 추징범위에 따라 면제된 관세·개별소비세 및 부가가치세를 추징함. 이 경우 추징 관세액의 계산에 관하여는 관세법 제100조 제2항을 준용함.
① 「외국인투자촉진법」에 따라 등록이 말소된 경우 : 등록말소일로부터 소급하여 3년(개별소비세·부가가치세는 5년) 이내에 감면된 세액
② 출자목적물이 신고된 목적 외에 사용되거나 처분된 경우 : 수입신고수리일부터 3년(개별소비세·부가가치세는 5년) 이내에 목적 외에 사용하거나 처분하는 자본재에 대하여 감면된 세액
③ 외국투자가가 주식 등을 대한민국 국민 또는 대한민국 법인에 양도하는 경우 : 관세 등의 면제일부터 3년 이내에 주식 등을 양도하는 경우 외국투자가의 주식 등의 양도 후 잔여 출자금액 범위를 초과하는 자본재에 대하여 감면된 세액(주식양도일에 가까운 날 감면받은 세액부터 추징함)
④ 해당 외국인투자기업이 폐업하는 경우 : 폐업일부터 소급하여 3년(개별소비세·부가가치세는 5년) 이내에 감면된 세액

---

134) 「조세특례제한법」 제121조의 5 제2항 및 「조세특례제한법 시행령」 제116조의 8 제1항

⑤ 고도기술수반사업 및 산업지원서비스업 외의 사업을 하는 외국인투자기업이 외국인투자신고 후 5년(고용과 관련된 조세감면기준에 미달하는 경우에는 3년) 이내의 실제 투자금액이 조세감면기준에 미달하는 경우 : 외국인투자신고 후 5년(고용과 관련된 조세감면기준에 미달하는 경우에는 3년)이 경과한 날부터 소급하여 5년(고용과 관련된 조세감면기준에 미달하는 경우에는 3년) 이내에 감면된 세액

사례 67 자본재에 대한 관세 등의 면제 기간

 질문 조세감면 결정 받은 외국인투자기업이 자본재 수입시 관세가 면제되는 기간은 얼마인가?

 답변 외국인투자 신고일부터 5년 이내 수입신고 완료분

보충설명

■ 자본재[135]
- 산업시설(선박, 차량, 항공기 등을 포함함)로서의 기계, 기자재, 시설품, 기구, 부분품, 부속품
- 농업·임업·수산업의 발전에 필요한 가축, 종자, 수목, 어패류,
- 그 밖에 주무부장관(해당 사업을 관장하는 중앙행정기관의 장을 말함)이 해당 시설의 첫 시험운전(시험사업을 포함함)에 필요하다고 인정하는 원료·예비품 및 이의 도입에 따르는 운임·보험료와 시설을 하거나 조언을 하는 기술 또는 용역

■ 관세 등(관세 또는 관세, 특별소비세, 부가가치세를 말함) 면제대상[136]
- 1) 외국인투자기업이 외국투자가로부터 출자받은 대외지급수단 또는 내국지

---
[135] 「외국인투자촉진법」 제2조 제1항 제9호
[136] 「조세특례제한법」 제121조의 3 제1항 및 제2항

급수단으로 도입하거나, 2)외국투자가가 「외국인투자촉진법」 제2조 제1항 제8호에 해당하는 출자목적물로 도입하는 자본재로서,
- 조세특례제한법 제121조의 2의 조세감면사업에 직접 사용될 것으로
- 신주 등 취득에 의한 외국인투자에 따라 도입되어,
- 외국인투자 신고일로부터 5년(부득이한 사유로 위 기간 이내 수입신고를 완료할 수 없는 경우로서 그 기간 종료 전에 기획재정부장관에게 연장신청 승인 받은 경우는 6년) 이내에 관세법에 의한 수입신고가 완료되는 것

■ 관세 등 면제 신청시 구비서류[137]
- 관세·특별소비세·부가가치세 면제신청서
- 당해 사업이 법인세 등의 감면대상이 되는 사업임을 증명하는 서류(조세감면 결정서 사본)
- 당해 자본재가 외국투자가로부터 출자받은 현금으로 도입되거나, 외국투자가가 출자목적물로 도입하는 경우에 해당함을 증명하는 서류(투자신고서 사본, 외화매입증명서 사본 등)
- 자본재 등의 도입물품명세확인서

■ 관세 등 면제신청절차
1. 조세감면 결정 : 기획재정부에 조세감면신청을 하여 당해 기업이 영위하는 사업이 조세특례제한법 제121조의 2의 조세감면대상임을 확인받음
2. 자본재 등의 도입물품 명세 확인 : 자본재 등 도입물품명세를 작성하여 수탁기관(외국환은행 또는 KOTRA)에 검토확인 신청을 하여 확인받음.[138]
3. 관세감면신청 : 자본재 수입신고 수리전에 세관장에 관세감면신청하여야 함. [139]

---

[137] 「조세특례제한법 시행규칙」 제51조의 3
[138] 「외국인투자촉진법 시행령」 제38조 제2항 및 제40조 제3항
[139] 「관세법 시행령」 제112조 제1항

외국인투자지역

사례 68 외국인투자지역 지정을 위한 사업영위시설의 새로 설치 요건

 외국인투자기업이 기존 공장을 인수하여 내부의 생산설비를 모두 해체하고 새로운 제조설비를 기존공장 건물 내에 설치하여 새로운 제품을 제조하는 경우에도 "새로이 공장시설을 설치하는 경우"로 인정받아 외국인투자지역 지정신청이 가능한가? 외국인투자금액은 5천만 달러이고 업종은 제조업임

 원칙적으로 가능함. 그러나 최종적인 판단은 외국인투자위원회에서 함

보충설명

- "새로이 공장시설을 설치하는 경우" 및 "시설을 새로이 설치하는 경우"의 의미[140]

○ 공장시설(한국표준산업분류상의 제조업외의 사업의 경우에는 사업장을 말함)을 신축하는 경우이거나 기존건축물에 기계 또는 시설·장치를 새로이 설치하는 경우

○ 동일한 법인이 기존의 공장시설과 구분되어 회계상 별도로 계리될 수 있는 공장시설 또는 기계·시설·장치를 설치하는 경우

○ 건축공사가 완료되지 않은 건축물을 인수하여 「건축법」 규정[141]에 의한 건축물의 사용승인을 얻어 영업활동을 하는 경우(다만, 외국인투자위원회는 건축공사의 진척상황에 따라 이를 인정하지 않을 수 있음)

---

140) 「외국인투자지역운영지침」 제23조 제3항
141) 「건축법」 제18조

사례 69. 순수 국내기업의 외국인투자지역 입주 요건

 외국인투자지역에 외국인투자기업이 아닌 순수 국내기업이 입주할 수 있는가?

 가능함. 외국인투자지분 30% 이상 기업 입주기업이 공정단축, 원가절감 등을 위하여 외국인투자지분이 없는 협력업체에 대해 해당 입주기업의 공장의 일부를 사용토록 요청할 경우 산업통상자원부장관의 동의하에 입주를 허용할 수 있음

보충설명

○ 외국인투자지역 관리기관은 입주기업(외국인투자지분 30%이상 기업)이 공정단축, 원가절감 등을 위하여 외국인투자지분이 없는 협력업체에 대해 해당 입주기업의 공장의 일부를 사용토록 요청할 경우 평가위원회의 평가를 거쳐 이 지침 규정[142]에 따라 산업통상자원부장관의 동의하에 입주를 허용할 수 있음[143]

○ 관리기관은 입주가 허용된 협력업체에 대해서는 해당 입주업체의 요청으로 입주업체의 잔여 임대기간 내에서 입주계약을 체결할 수 있으며, 매 5년마다 갱신계약을 체결하여야 함

○ 협력업체의 입주허용 면적은 해당 입주업체의 총 공장연면적의 30%를 초과할 수 없으며, 사용코자하는 총 공장연면적의 비율에 해당하는 부지면적의 범위 내에서 협력업체에 임대료를 부과함

○ 임대료는 인근 산업단지 공장부지와 같은 수준의 임대료를 부과하며 지침에서 정하는 임대료[144]를 적용하지 아니함(임대료 부과에 관한 세부내용은 평가위원회에서 정함)

○ 평가위원회는 관련 전문가 10인 이내로 관리기관에 설치·운영함

---

[142] 「외국인투자지역운영지침」 제16조 제4항
[143] 「외국인투자지역운영지침」 제22조
[144] 「외국인투자지역운영지침」 제17조 제1항, 제2항

사례 70 단지형 외국인투자지역 입주 업종

 질문: 단지형 외국인투자지역 입주 업종에 특별한 제한이 있는가?

 답변: 제한이 있음

보충설명

■ 입주 대상업종[145]

○ 단지형 투자지역 입주대상업종은 다음 업종으로 하며, 각 지역별 입주허용업종은 관리기본계획[146]에서 정함
  - 「외국인투자촉진법」상 조세감면 고도기술수반사업
  - 「산업발전법」 제5조의 규정에 의하여 고시한 첨단기술 및 첨단제품을 적용 또는 제조하는 업종
  - 기타 관리기관이 당해지역의 산업적 특성을 감안하여 정하는 업종
  - 「국가과학기술경쟁력강화를위한이공계지원특별법」제2조 제3호 다목에 의한 기업부설연구소 및 동법 제2조 제4호 가목에 의한 연구개발업
  - 「외국인투자촉진법 시행령」 제25조 제1항 제3호 가목 및 나목의 사업(복합화물터미널사업 및 공동집배송센터를 조성하여 운영하는 사업)

사례 71 단지형 외국인투자지역 입주면적 한도

 질문: 외국투자가가 미화 50백만 달러를 투자하여 외국인투자기업을 설립하여 단지형 외국인투자지역에 입주하려고 하는데 임대면적에 제한이 있는가?

 답변: 제한 있음[147]

---

145) 「외국인투자지역운영지침」 제11조
146) 「외국인투자지역운영지침」 제10조 제1항 제4호
147) 「외국인투자지역 운영지침」 제15조

> 보충설명

○ 입주기업이 이행해야 할 공장건축면적은 「산업집적활성화 및 공장설립에 관한 법률」 제8조 제2호의 규정에 의거 고시한 제조업종별 기준공장면적률(산출 면적률이 12% 이하인 업종은 12%의 면적률 적용)을 적용하여 산출한 부지면적으로 하며, 기준공장면적률을 곱한 공장건축 면적이하로 입주를 희망할 경우 동일한 규정에 따라 산정한 부지면적에 의해 입주를 허용할 수 있음

○ 단지형 투자지역의 업체별 임대면적 한도는 입주기업이 투자한 외국인투자 금액의 100분의 100에 상당하는 가액의 면적이하의 범위안에서 각 단지별 특성을 감안하여 관리기본계획에서 정함

○ 관리기관은 입주계약 검토시 입주기업의 적정 부지면적을 산출하여 과다면적을 임대하지 않도록 하여야 함

경제자유구역

사례 72 경제자유구역 내 조세감면 대상 서비스 업종

 외국인투자기업이 경제자유구역 안에서 엔지니어링사업 등 서비스업을 영위하는 경우에도 조세감면 신청이 가능한가?

 외국인투자금액이 미화 1천만 불 이상으로서 엔지니어링사업 등 일정 서비스업을 영위하기 위하여 시설을 새로 설치하는 경우 조세감면 대상이 될 수 있음

> 보충설명

■ 경제자유구역 내 조세감면 신청 대상 서비스 업종

○ 외국인투자 금액이 미화 1천만불 이상으로서 경제자유구역안에서 새로이 시설을 설치하는 경우 조세감면 신청이 가능한 서비스 업종('12.2.2. 조세감면

신청 대상 업종에 추가된 업종)
- 엔지니어링사업
- 전기통신업
- 컴퓨터프로그래밍·시스템 통합 및 관리업
- 정보서비스업
- 그 밖의 과학기술서비스업
- 영화·비디오물 및 방송프로그램 제작업, 영화·비디오물 및 방송프로그램 제작 관련 서비스업, 녹음시설 운영업, 음악 및 기타 오디오물 출판업
- 게임 소프트웨어 개발 및 공급업
- 공연시설 운영업, 공연단체, 기타 창작 및 예술 관련 서비스업

사례 73 | 경제자유구역 내 7년형 조세감면 가능여부

질문 외국투자가가 3천만 달러 상당을 투자하여 경제자유구역(FEZ) 안에 입주하여 의약품 제조를 추진하고 있음. 이 경우 5년간 법인세를 감면받을 수 있는 것으로 알고 있는데 법인세 감면기간 연장을 위하여 개별형 외국인투자지역지정(FIZ) 신청이 가능한가?

답변 가능함. 경제자유구역 입주기업은 일반적으로 5년간 법인세를 감면받을 수 있지만 경제자유구역 안에서 개별형 외국인투자지역 지정요건에 충족시키는 대규모 상당하는 투자를 하는 경우에는 '경제자유구역 7년형 조세감면 신청'을 하면 경제자유구역위원회의 심의·의결을 거쳐 개별형 외국인투자지역 입주기업과 동일하게 7년간 법인세 감면을 받을 수 있음

보충설명

■ FEZ 입주 대규모 투자기업에 대한 지원[148]
○ 경제자유구역[149] 안에서 외국인투자기업이 개별형 외국인투자지역 지정 요

---

148) 「조세특례제한법 시행령」 제116조의2 제19항
149) 「경제자유구역의 지정 및 운영에 관한 특별법」 제2조 제1호

건에 부합하는 투자를 유치하는 경우 경제자유구역위원회의[150] 심의·의결을 거치면 개별형 외국인투자지역(FIZ) 입주기업과 동일한 조세감면을 받을 수 있음

■ 조세감면 신청[151]
○ 신청주체 : 외국투자가 또는 외국인투자기업
○ 신청접수 : 기획재정부장관
○ 경제자유구역위원회 심의·의결 요청 : 기획재정부장관은 외국투자가 또는 외국인투자기업으로부터 조세감면신청 등을 받은 경우 외국투자가 등의 조세감면 등의 신청이 조세감면 대상에 해당된다고 판단되는 경우에는 산업통상자원부장관에게 조세감면에 대한 경제자유구역위원회 심의·의결을 요청할 수 있음

사례 74 경제자유구역 내 외국인카지노 허가 요건

2012년 경제자유구역 내 외국인카지노 허가 요건이 완화되었다고 하는데 구체적인 내용은?

종전에는 카지노업 허가신청 시 영업시설(특1등급 호텔 또는 국제회의시설)로 이용할 시설을 갖추고 있음을 증명하는 서류를 제출하여야 하였으나, 2012.9.21. 관련 법률의 개정으로 인해 지금은 호텔 등 실물투자를 하기 전에도 미합중국화폐 5억 달러의 100분의 10 이상을 납입하면 사전심사 청구가 가능하게 됨

보충설명

■ 외국인투자기업의 외국인전용 카지노업의 허가신청[152]
○ 카지노업 허가신청서에 다음 서류를 첨부하여 문화체육관광부장관에게 제출
○ 신청인이「관광진흥법」제7조 제1항 각 호 및 제22조 제1항 각 호에 해당하지 아니함을 증명하는 해당 국가의 정부 또는 권한을 위임·위탁받은 기관이

---
150) 「경제자유구역의 지정 및 운영에 관한 특별법」제25조
151) 「경제자유구역 7년형 조세감면에 관한 운영 규정」제5조
152) 「경제자유구역의 지정 및 운영에 관한 특별법 시행령」제20조의5

발행한 서류 또는 공증인이 공증한 신청인의 진술서로서 「재외공관공증법」에 따라 해당 국가에 주재하는 대한민국공관의 영사관이 확인한 서류

○ 다음 허가요건에 적합함을 증명하는 서류
- 경제자유구역에서의 관광사업에 투자하려는 외국인투자 금액이 미합중국 화폐 5억 달러 이상일 것
- 투자자금이 형의 확정판결에 따라 「범죄수익은닉의 규제 및 처벌 등에 관한 법률」 제2조 제4호에 따른 범죄수익 등에 해당하지 아니할 것
- 「신용정보의 이용 및 보호에 관한 법률」 제4조에 따라 신용평가업무에 관한 금융위원회의 허가를 받은 둘 이상의 신용정보회사 또는 국제적으로 공인된 외국의 신용평가기관으로부터 받은 신용평가등급이 투자적격 이상일 것

○ 카지노업 허가신청 시 영업시설로 이용할 다음 어느 하나의 시설을 갖추고 있음을 증명하는 서류
- 호텔업 : 「관광진흥법 시행령」 제22조에 따라 특1등급으로 결정을 받은 시설
- 국제회의시설업 : 「관광진흥법」 제4조에 따라 등록한 시설

○ 투자계획서(사업주체, 사업대상지의 위치와 면적, 총 사업기간 및 추진일정, 사업타당성 분석, 용도별 토지이용계획, 시설 규모 및 배치계획, 투자금액, 투자기한을 명기한 자금조달계획서와 투자약정서, 그 밖에 문화체육관광부장관이 필요하다고 인정하는 사항이 포함되어야 한다)

○ 카지노 운영계획서

○ 정관

■ 사전심사 청구[153]
○ 카지노업의 허가를 신청하려는 자는 허가신청 전에 「민원사무처리에 관한 법률」 제19조 제1항에 따라 사전심사 청구가능

---

153) 「경제자유구역의 지정 및 운영에 관한 특별법 시행령」 제20조의6

o 사전심사를 청구하려는 자는 미합중국화폐 5억 달러의 100분의 10 이상을 납입(「외국인투자 촉진법」에 따른 외국인투자기업 등록 시 기재하는 외국인투자금액을 말함)한 다음, 구비서류를 첨부하여 문화체육관광부장관에게 제출하여야 함

o 구비서류 : 카지노업의 허가신청(본신청)과 동일하나 다음 서류는 제출하지 않아도 됨
  - 호텔업 : 「관광진흥법 시행령」제22조에 따라 특1등급으로 결정을 받은 시설
  - 국제회의시설업 : 「관광진흥법」제4조에 따라 등록한 시설
  ※ 호텔 등 실물투자를 하기 전 투자계획만으로 허가 신청 가능(2012.9.21 신설)

o 처리기한 : 문화체육관광부장관은 사전심사 청구를 받은 때에는 60일 이내에 이를 심사하고 그 결과를 통보하여야 함. 다만, 사실관계 확인 등을 위하여 필요한 때에는 30일 이내에서 그 기간을 연장할 수 있음

o 문화체육관광부장관은 사전심사 적합통보를 할 경우 다음 사항을 적시하여 통보가능
  - 투자계획서에 따른 투자기한을 준수할 것
  - 적합통보를 받은 날부터 2년 이내에 사업대상지 중 사유지의 3분의 2 이상을 취득하고, 국유지·공유지의 소유권 또는 사용권을 확보할 것

o 이행기간 : 적합통보를 받은 날부터 4년 이내에 법적 요건을 갖추어 카지노업 허가를 신청할 것. 다만, 문화체육관광부장관이 정당한 사유가 있다고 인정하는 경우 1회에 한하여 1년의 범위에서 그 기간 연장가능

o 사전심사 시 제출한 투자계획서의 내용 변경이 있는 경우에는 다음 구분에 따른 범위일 것. 다만, 투자계획서 내용 중 사업주체 및 사업대상지 위치의 변경이 없어야 함
  - 사업대상지의 면적이나 시설 설치면적의 축소 또는 용도별 토지이용계획 대상 면적의 변경이 100분의 10 이하일 것
  - 총 사업기간의 연장 및 총 사업비의 축소가 100분의 10 이하일 것

■ 카지노업 영업 개시시기[154]
○ 카지노업의 영업개시를 하려는 자는 영업개시신고서에 다음 각 호의 서류를 첨부하여 문화체육관광부장관에게 제출
  - 「관광진흥법」 제23조 제1항에 따라 설치한 시설 및 기구의 내역서
  - 투자계획서의 내용에 따라 미합중국화폐 3억 달러 이상을 관광사업에 투자하였음을 증명하는 서류
  - 카지노업 허가를 받은 자는 영업개시 후 2년이 지난 날부터 30일 이내에 투자계획서의 내용대로 미합중국화폐 총 5억달러 이상을 관광사업에 투자하였음을 증명하는 서류를 문화체육관광부장관에게 제출하여야 함

■ 허가의 취소
○ 문화체육관광부장관은 허가를 받은 자가 다음 어느 하나에 해당하면 그 허가를 취소하여야 함[155]
  - 투자계획을 이행하지 아니하는 경우(경제자유구역에서의 관광사업에 투자하려는 외국인투자 금액이 미합중국화폐 5억 달러 이상일 것)
  - 투자자금이 형의 확정판결에 따라 「범죄수익은닉의 규제 및 처벌 등에 관한 법률」 제2조 제4호에 따른 범죄수익 등에 해당하게 된 경우

사례 75 경제자유구역 내 외국교육기관 설립 가능여부

 외국인이 경제자유구역에 외국교육기관을 설립할 수 있는가?

 영리를 목적으로 하지 않는 외국학교법인 경우에는 가능

보충설명

■ 내용
○ 외국학교법인은 「사립학교법」 제3조에도 불구하고 교육부장관의 승인을 받

---

154) 「경제자유구역의 지정 및 운영에 관한 특별법 시행령」 제20조의7
155) 「경제자유구역의 지정 및 운영에 관한 특별법」 제23조의3 제5항

아 경제자유구역에 외국교육기관을 설립할 수 있음[156]

○ 이 경우 "외국학교법인"이라 함은 외국에서 외국법령에 의하여 유아·초등·중등·고등교육기관을 설립·운영하고 있는 국가·지방자치단체 또는 영리를 목적으로 하지 아니하는 법인을 말함[157]

○ 따라서 외국인 투자자가 영리법인인 경우에는 경제자유구역에서 외국인학교를 설립할 수 없음

■ 절차[158]
- 외국교육기관을 설립하고자 하는 자는 개교예정일 12개월 전까지 교육부장관에게 외국교육기관의 설립에 대한 승인 신청을 하여야 함.
- 교육부장관은 경제자유구역에서 외국교육기관의 설립을 승인하려는 경우 '외국교육기관설립심사위원회'의 심의를 거친 후, '경제자유구역위원회'의 심의·의결을 거쳐야 함[159]
- 교육부장관은 승인 여부를 개교예정일 6개월 전까지 신청인에게 통보 하여야 함.

사례 76 경제자유구역 내 외국의료기관 개설 가능여부

 외국인이 경제자유구역 내에서 영리법인인 의료기관을 개설할 수 있는가?

 요건을 갖출 경우, 개설 가능함

---

156) 「경제자유구역의 지정 및 운영에 관한 특별법」 제22조 제 1항
157) 「경제자유구역 및 제주국제자유도시의 외국교육기관 설립·운영에 관한 특별법」 제2조 제1호
158) 「경제자유구역 및 제주국제자유도시의 외국교육기관 설립·운영에 관한 특별법 시행령」 제 3조
159) 「경제자유구역 및 제주국제자유도시의 외국교육기관 설립·운영에 관한 특별법 시행령」 제 3조 제2항, 「경제자유구역의 지정 및 운영에 관한 특별법」 제22조 제 2항

보충설명

■ 내용

○ 「의료법」규정[160]에 불구하고 외국인 또는 외국인이 의료업을 목적으로 설립한 상법상 법인으로서 다음의 요건을 갖추는 법인은 보건복지부장관의 허가를 받아 경제자유구역에 의료기관("외국의료기관")을 개설할 수 있음[161]

 i. 경제자유구역에 소재할 것
 ii. 외국인투자비율[162]이 100분의 50 이상일 것
 iii. 자본금이 50억원 이상일 것
 iv. 외국의 법률에 따라 설립·운영되는 의료기관과 운영협약 체결 등 협력체계를 갖추고 있을 것
 v. 내과, 신경과, 외과, 정형외과, 신경외과, 흉부외과, 성형외과, 산부인과, 소아청소년과, 안과, 이비인후과, 피부과, 비뇨기과, 재활의학과, 결핵과, 가정의학과를 진료과목으로 개설하는 외국의료기관에는 외국의 의사 면허 소지자를 진료과목마다 1명 이상 두어야 함[163]

○ 이 경우 의료기관의 종별은 「의료법」 제3조 제2항 제3호에 따른 종합병원·병원·치과병원·요양병원으로 함

○ 「경제자유구역의 지정 및 운영에 관한 특별법」에 따라 개설된 외국의료기관 또는 외국인 전용 약국은 「의료법」 또는 「약사법」에 따라 개설된 의료기관 또는 약국으로 간주하나, 「국민건강보험법」 상의 요양기관으로는 보지 않으므로 국민의료보험제도가 적용되지 않음

○ 또한 동 의료법인은 경제자유구역에서의 보양온천의 설치·운영[164] 목욕장업[165], 관광숙박업, 관광객 이용시설업 및 국제회의업[166]을 부대사업으로 할 수 있음[167]

---

160) 「의료법」 제33조 제2항
161) 「경제자유구역의 지정 및 운영에 관한 특별법」 제23조 제1항 및 「경제자유구역의 지정 및 운영에 관한 특별법 시행령」 제20조의 2
162) 「외국인투자 촉진법」 제5조 제1항
163) 경제자유구역 내 외국의료기관의 개설허가절차 등에 관한 규칙 제5조
164) 「온천법」 제9조
165) 「공중위생관리법」 제2조 제1항 제3호
166) 「관광진흥법」 제3조 제1항 제 2호, 제3호 및 제4호
167) 「경제자유구역의 지정 및 운영에 관한 특별법」 제23의 2조 및 「경제자유구역의 지정 및 운영에 관한 특별법 시행령」 제20조의 3

사례 77 제주특별자치도 내 외국의료기관 개설 가능여부

 제주특별자치도 내에 외국의료기관의 개설이 가능한가?

 요건을 갖출 경우, 개설 가능함.

보충설명

■ 내용

○ 「의료법」 규정[168]에 불구하고 외국인[169]이 다음의 요건을 갖추어 설립한 법인은 도지사의 허가를 받아 제주특별자치도에 의료기관("외국의료기관")을 개설할 수 있음[170]
  i. 법인의 외국인 출자총액은 100분의 50일 것 이상
  ii. 의료기관 개설에 투자하고자 하는 투자금액이 미합중국 화폐 500만 달러 이상일 것
  iii. 법인의 종류는 상사회사 설립의 조건에 따른 주식회사와 유한회사로 함[171]

○ 또한, 도지사는 의료기관의 개설을 허가하고자 하거나 외국의료기관 개설요건에 관하여 필요한 사항에 대하여 도조례를 정하고자 하는 때에는 보건복지부장관의 승인을 얻어 미리 보건의료정책심의위원회의 심의를 거쳐야 함.

○ 이 경우 의료기관의 종별은 「의료법」 제3조 제2항 제3호에 에 따른 종합병원·병원·치과병원·요양병원으로 함

○ 「제주특별자치도 설치 및 국제자유도시 조성을 위한 특별법」에 따라 개설된 외국의료기관 또는 외국인 전용 약국은 「의료법」 또는 「약사법」에 따라 개설된 의료기관 또는 약국으로 간주하나, 「국민건강보험법」 상의 요양기관으로는 보지 않으므로[172] 국민의료보험제도가 적용되지 않음.

---

168) 「의료법」 제33조 제2항
169) 「외국인투자촉진법」 제2조 제1항 제1호
170) 「제주특별자치도 설치 및 국제자유도시 조성을 위한 특별법」 제192조 제1항
171) 「제주특별자치도 보건의료 특례 등에 관한 조례」 제14조
172) 「제주특별자치도 설치 및 국제자유도시 조성을 위한 특별법」 제192조 제4항

# III. 외국인투자기업 경영

인사 · 노무

사례 78 사회보험

 근로자를 고용한 후 반드시 가입해야 하는 사회보험은 무엇인가?

 1인 이상의 근로자를 사용하는 기업은 해당 근로자를 국민연금, 건강보험, 고용보험, 산재보험에 가입시켜야 함.

보충설명

○ 사용자는 아래와 같이 보험료를 매월 납부해야 함. 근로자 부담분은 근로자의 임금에서 공제해야 납부해야 함.
- 국민연금: 근로자의 기준소득월액[173] × 9% (절반인 4.5%는 사용자가 부담)
- 건강보험: 근로자의 보수[174]월액 × 6.07% (절반인 3.035%는 사용자가 부담)
- 고용보험: 근로자의 월 평균 보수[175] × 1.3% (절반인 0.65%는 사용자가 부담). 사용자는 고용안정사업 및 직업능력개발사업을 위해 별도로 보험료 부담하며, 동 별도 보험요율은 150인 미만 사업장은 0.25%임.[176]
- 산재보험: 근로자의 월 평균 보수 × 0.007 ~ 0.34 (산업별로 상이한 요율 적용함).

---

[173] 기준소득월액 계산식: [월급여×12개월/365일(366일)×30일]
[174] 보수월액: 소득법상 과세되는 근로소득
[175] 개인별 전년도 보수총액을 기초로 당해연도 개인별 월평균보수를 산정함
[176] 고용안정 및 직업능력개발사업 보험요율: 150인 미만 기업: 0.25%, 150~1,000 미만 기업: 0.65%, 1,000인 이상 기업: 0.85%

사례 79 법정 근로시간

 법으로 정해진 근로시간은 몇 시간인가?

 근로기준법에 정한 법정근로시간은 하루 8시간, 주 40시간임.

보충설명

○ 2015년 6월 현재 5인 이상 사업장에 주40시간제가 적용되고 있음. 1일의 근로시간은 휴게시간을 제외하고 8시간을 초과해서는 안되며, 1주간의 근로시간은 40시간을 초과해서는 안됨. 5인 미만 사업장은 근로기준법의 근로시간·휴가 관련 규정이 적용되지 않아 원칙적으로 주 40시간제를 실시할 의무가 없음.
○ 법적으로 가능한 연장근로 시간
  - 당사자간의 합의를 통해 1주에 12시간까지 연장근로를 시킬 수 있음.
  - 다음 업종에서는 근로자대표와 서면합의를 통해 1주에 12시간을 초과하는 연장근로가 가능함.
    • 운수업, 물품판매 및 보관업, 금융보험업
    • 영화제작 및 흥행업, 통신업, 교육연구 및 조사사업
    • 광고업, 의료 및 위생사업, 접객업, 소각 및 청소업
    • 이용업, 사회복지사업

사례 80 연장근로수당

 법정 근로시간을 초과해서 근로하면 수당을 얼마나 지급해야 하는가?

 근로자가 법정근로시간을 초과하여 연장근로를 하는 경우 사용자는 통상임금[177]의 50%를 가산하여 지급하여야 함.

보충설명

○ 야간근로(22:00-06:00 사이의 근로)와 휴일근로에 대하여는 해당 근로에 대한 100%의 임금에 통상임금의 50%를 더하여 지급하여야 함. 야간근로와 연장, 휴일근로가 중복된 경우에는 각각의 시간에 대하여 가산수당을 지급해야 함.

사례 81 최저임금

 2015년에 적용되는 최저임금은 얼마인가?

 2015년 1월1일부터 2015년 12월 31일까지 적용되는 최저임금은 다음과 같음.
- 시급: 5,580원
- 일급: 44,640원 (8시간 기준)
- 월급: 1,166,220원 (주 40시간 기준)

보충설명

■ 2016년 1월 1일부터 2016년 12월 31일까지 적용되는 최저임금은 다음과 같음.

- 시급 : 6,030원
- 일급 : 48,240원 (8시간 기준)
- 월급 : 1,260,270원 (주40시간 기준)

---

177) 통상임금 : 근로자에게 정기적이고 일률적으로 소정(所定)근로 또는 총 근로에 대해 지급하기로 정한 시간급 금액, 일급 금액, 주급 금액, 월급 금액 또는 도급 금액을 말함. (「근로기준법 시행령」 제6조제1항).

사례 82 퇴직금

 퇴직하는 근로자에게 퇴직금을 반드시 지급해야 하는가?

 1년 이상 계속 근로한 근로자가 퇴직하는 경우에 계속근로기간 1년에 대하여 30일분 이상의 평균임금[178]을 퇴직금으로 지급해야 함. 퇴직의 사유에는 제한이 없으므로 근로자의 사직, 사망, 정년, 징계해고, 기업의 소멸 등 근로계약이 종료되는 모든 경우에 퇴직금을 지급해야 함.

보충설명

■ 퇴직급여제도

○ 2005년 12월 1일 퇴직급여제도가 도입되어, 모든 사용자는 퇴직금 또는 퇴직연금[179]을 도입해야 함. 사용자가 퇴직급여제도를 설정할 때 근로자의 과반수가 가입한 노동조합이 있는 경우에는 그 노동조합, 근로자의 과반수가 가입한 노동조합이 없는 경우에는 근로자 과반수의 동의를 받아야 함.

사례 83 법정휴일

 근로자가 반드시 쉬도록 정해진 법정휴일은 무엇인가?

 근로기준법상 근로자에게 반드시 부여해야 하는 법정휴일은 주휴일과 근로자의 날(5월 1일) 임.

---

178) 평균임금: 이를 산정해야 할 사유가 발생한 날 이전 3개월 동안에 그 근로자에게 지급된 임금의 총액을 그 기간의 총일수로 나눈 금액을 말함.
179) 퇴직연금 : 퇴직급여 재원을 사외금융기관에 맡겨 운용하고, 근로자가 퇴직할때 연금이나 일시금으로 지급하는 제도임.

보충설명

■ 주휴일

○ 근로자가 1주일간의 소정근로일수(취업규칙 등에 일하도록 정해진 날)를 모두 출근하면, 사용자는 1주일에 대해 평균 1회 이상의 유급휴일을 부여해야 함. 주휴일에 근로하는 경우 그날의 근로에 대해 통상임금의 50%를 가산하여 지급하여야 함.

■ 약정휴일

○ 약정휴일은 사용자가 법정휴일 이외에 별도로 단체협약이나 취업규칙 등에 규정하여 근로자에게 부여하는 휴일을 가리키며, 회사창립기념일이나 공휴일등을 약정휴일로 정할 수 있음. 약정휴일을 유급 또는 무급휴일로 할 것인가의 여부는 노사의 약정에 따름

사례 84 연차휴가

 법으로 정해진 연차휴가는 몇일인가?

 사용자는 1년간 소정 근로일수의 80% 이상을 출근한 근로자에게 그 다음 해에 15일의 유급 연차휴가를 부여해야 함.

보충설명

■ 근속기간 1년 미만 근로자

○ 근로자가 입사 후 1년이 경과하지 않은 경우에는 1개월간 개근하면 1일의 유급휴가를 부여해야 함. 최초 1년간 근로한 후 다음 해에 부여하는 15일의 휴가에서 최초 1년 동안 사용한 휴가를 뺌.

■ 연차휴가 가산
○ 3년 이상 계속 근로한 근로자의 경우, 4년째부터 16일의 연차휴가를 부여하며 이후 2년마다 1일을 가산함. 연차휴가는 25일을 상한으로 함.

사례 85 취업규칙

 질문 근로자가 몇명일때 취업규칙을 만들어야 하는가?

 답변 10명 이상의 근로자를 고용하는 사업장은 취업규칙을 작성해야 함.

보충설명

■ 취업규칙의 변경

○ 취업규칙은 근로계약관계에 적용되는 근로조건 또는 복무규율에 대해 사용자가 작성하여 근로자들에게 공통적으로 적용하는 규칙임.

○ 취업규칙을 작성하거나 변경할 때에는 근로자 과반수로 조직된 노동조합의 의견, 과반수 노조가 없는 경우에는 근로자 과반수의 의견을 들어야 함. 취업규칙이 기존의 근로조건이나 이전 취업규칙보다 근로자에게 불리하게 변경되는 경우에는 과반수노조나 근로자 과반수의 동의를 얻어야 함.

○ 작성된 취업규칙은 근로자들이 서명한 의견서나 동의서를 첨부하여 지방 노동관서에 신고해야 함.

사례 86 노사협의회

 근로자가 몇 명일 때 노사협의회를 설치해야 하는가?

 30인 이상의 근로자를 사용하는 사업 또는 사업장은 노사협의회를 설치하여야 함.

보충설명

■ 노사협의회 설치

○ 근로자와 사용자는 각각 3인 이상 10인 이내의 위원으로 노사협의회를 구성하여 3개월마다 정기회의[180]를 개최하여야 함.

○ 노사협의회의 사용자위원은 사업의 대표자와 그 대표자가 위촉하는 자로 함.
○ 근로자위원은 근로자의 직접, 비밀, 무기명투표에 의하여 선출함. 그러나 근로자 과반수로 조직된 노동조합이 있는 경우에는 노동조합의 대표자와 그 노동조합이 위촉하는 자가 근로자위원이 됨.

---

180) 노사협의회의 의제
 - 협의사항: 근로자의 채용, 배치 및 교육훈련, 작업과 휴게시간의 운용, 신기계, 기술의 도입 또는 작업공정의 개선, 작업 수칙의 제정 또는 개정 등
 - 의결사항: 근로자의 교육훈련 및 능력개발 기본계획의 수립, 복지시설의 설치와 관리, 사내복지기금의 설치, 각종 노사공동 위원회의 설치 등
 - 보고사항: 경영계획 전반 및 실적에 관한 사항, 분기별 생산계획과 실적에 관한 사항, 인력계획에 관한 사항, 기업의 경제적, 재정적 상황

사례 87 기간제 근로자

 기간제 근로자를 몇년까지 사용할 수 있는가?

 기간제근로자는 2년을 초과해서 사용할 수 없음.

보충설명

○ 사용자가 기간제 근로자를 사용한기간이 2년을 초과하면, 사용자와 해당근로자가 기간의 정함이 없는 근로계약(정규직 근로계약)을 체결한 것으로 간주됨.

○ 기간제 근로자를 2년 이상 사용하더라도 그 근로자를 '기간의 정함이 없는 근로계약'을 체결한 것으로 보지 않는 경우
   - 사업의 완료 또는 특정한 업무의 완성에 필요한 기간을 정한 경우
   - 휴직, 파견 등으로 결원이 발생하여 당해 근로자가 복귀할 때까지 그 업무를 대신할 필요가 있는 경우
   - 근로자가 학업, 직업훈련 등을 이수함에 따라 그 이수에 필요한 기간을 정한 경우
   - 전문적 지식·기술의 활용이 필요한 경우로서 대통령령[181]이 정하는 경우

사례 88 파견근로자

 파견근로자의 사용기간 및 업종에는 어떠한 제한이 있는가?

 파견근로자는 총파견기간 2년까지 사용할 수 있음. 파견근로자는 파견법 시행령에 정한 업무에 대해서만 사용할 수 있음.

[181)
  - 박사 학위를 소지하고 해당 분야에 종사하는 경우
  - 국가기술자격법에 따른 기술사 등급의 국가기술자격을 소지하고 해당 분야에 종사하는 경우
  - 건축사, 회계사, 변호사, 세무사, 의사 등 전문자격을 소지하고 해당 분야에 종사하는 경우

보충설명

■ 파견기간

○ 최초 파견기간은 1년을 초과할 수 없으며, 1회 연장시 최장 연장기간이 1년임. 출산, 질병, 부상 등으로 결원이 생긴 경우에는 파견기간 2년의 제한을 받지 않으며, 그 사유의 해소에 필요한 기간 동안 파견근로자를 사용할 수 있음.

■ 대상 업무

○ 제조업의 직접생산공정업무에는 파견근로자 사용이 불가능함.

○ 전문지식·기술·경험 또는 업무의 성질 등을 고려하여 적합 하다고 판단되는 업무로서 파견법 시행령에 규정한 업무에 대해서만 파견이 허용됨. (파견법시행령에는 컴퓨터전문가의 업무 등 32개의 파견대상업무를 규정하고 있음.)

사례 89 대체휴일제

 대체휴일제는 어떻게 시행되는가?

 설날·추석 연휴가 다른 공휴일과 겹치거나, 어린이날이 토·공휴일과 겹칠 경우 그 날 다음의 첫 번째 비공휴일을 대체공휴일로 지정함.

보충설명

○ 「관공서의 공휴일에 관한 규정(대통령령)」개정을 통해 2013년 11월부터 대체휴일제가 도입되었음.

○ 동 규정은 관공서의 공휴일에 관한 규정으로서 일반 기업에 그대로 적용되는 것은 아니며, 기업이 취업규칙, 단체협약 등에서 동 규정을 준용하는 경우에 근로자들에게 적용됨.

사례 90   출산전후휴가

 출산전후휴가는 어떻게 부여하는가?

 사업주는 임신한 여성근로자에게 출산일을 전후하여 90일의 유급휴가를 부여하여야 함. 사업주는 출산전후휴가 기간 최초 60일에 대해서는 임금을 지급해야 함. 마지막 30일에 대해서는 정부(고용노동부 고용센터)에서 출산전후휴가 급여를 지원함.

보충설명

■ 출산후 45일 휴가 부여
○ 사업주는 출산 후에 근로자가 받는 휴가가 45일이 되도록 날짜를 배정해야 함. 출산이 늦어져 출산전에 45일 이상의 휴가를 사용한 경우에도, 사업주는 출산후 45일이 보장되도록 휴가를 부여해야 함. 다만 추가로 부여한 기간에 대해 사업주의 임금 지급의무는 없음.

■ 유산, 사산의 경우에도 근로자의 청구가 있는 경우에는 휴가를 다음과 같이 부여해야 함.
 * 임신 11주 이내 : 유산 또는 사산한 날부터 5일까지
 * 임신 12주~15주 이내 : 유산 또는 사산한 날부터 10일까지
 * 임신 16주~21주 이내 : 유산 또는 사산한 날부터 30일까지
 * 임신 22주~27주 이내 : 유산 또는 사산한 날부터 60일까지
 * 임신 28주 이상 : 유산 또는 사산한 날부터 90일까지

사례 91   수습기간

 수습기간은 몇개월로 정해야 하는가?

 수습기간에 대해서는 근로기준법은 별도로 정하고 있지 않으며, 3개월 이내의 기간으로 정하는 기업이 대부분임.

> 보충설명

○ 사용자는 신규채용한 근로자의 작업능력이나 적응능력을 파악하고자 수습기간을 정할 수 있음.

○ 수습기간에 대해서는 근로기준법은 별도로 정하고 있지 않으나, 3개월 이내의 수습근로자에게는 해고예고를 적용하지 않는다는 근로기준법 규정에 따라 3개월의 수습기간을 정하는 기업이 대부분임.

사례 92. 선택적보상휴가제

 선택적보상휴가는 어떻게 실시하는가?

 선택적보상휴가제란 연장근로, 야간근로, 휴일근로를 함으로써 발생하는 임금 및 가산수당을 금전이 아닌 휴가로 부여하는 제도임. 선택적보상휴가제를 실시하기 위해서는 근로자대표와 서면합의를 하여야 함.

> 보충설명

■ 선택적보상휴가 부여기준

○ 연장·야간·휴일근로에 대한 임금과 이를 대신하여 부여하는 휴가 사이에는 동등한 가치가 있어야 하므로 근로기준법 제55조에 의한 가산임금까지 감안되어야 함. 따라서, 휴일근로를 2시간 한 경우 가산임금을 포함하면 총 3시간분의 임금이 지급되어야 하므로, 선택적보상휴가 역시 3시간의 휴가를 부여해야 함.

■ 선택적보상휴가를 사용하지 않을 경우 임금지급 의무

○ 선택적보상휴가제는 임금 대신에 휴가를 부여하는 제도이므로 근로자가 휴가를 사용하지 않은 경우에는 그에 대한 임금이 지급되어야 함. 연차유급휴

가와는 달리 사용자가 휴가사용촉진조치를 통해 임금지급의무를 면제받을 수 없음.

토지취득

사례 93 외국인의 국내 토지 취득시 유의사항

 외국인으로서 국내 토지를 취득하려고 합니다. 이 경우 계약체결 시 가장 주의하여야 할 점은 무엇인지?

 신고만으로 취득가능한 토지인지 사전허가를 요하는 토지인지 사전에 반드시 확인을 요함(위반 시 페널티 조항이 있음)

보충설명

○ 외국인이 허가대상 토지를 신고대상 토지로 잘못 판단하여 허가 없이 계약을 체결하였다면 그 계약은 무효가 될 뿐만 아니라, 징역형 내지는 벌금까지 납부하게 되어 토지취득에 어려움이 있을 수 있으므로 주의를 요함[182]

사례 94 외국인의 부동산 취득 절차

 외국투자가가 국내 부동산 취득 시 어떤 절차를 밟아야 하는가?

 외국인이 국내에서 토지를 취득할 경우 그 취득목적, 국내 거주여부 및 개인 또는 법인여부에 따라 적용되는 법령 및 절차가 상이하므로 하단 보충설명 참조

---

182) 「택지개발촉진법」 제 7조 제 2항 「택지개발촉진법 시행령」 제 6조의 4

보충설명

○ 「외국인토지법」은 외국인이 국내에서 토지를 취득할 경우의 절차(토지취득신고 등)만을 규정하고 있으므로, 영리목적(부동산 임대 등)으로 부동산을 취득하는 경우는 토지취득신고와는 별도로 「외국인투자촉진법」상 외국인투자신고를 통하여 외국인투자기업으로 등록하여야 하며, 「외국환거래법」상의 비거주자에 해당된다면 부동산취득신고를 추가로 하여야 함.
○ 외국기업이 국내에 지점을 설치할 경우에는 「외국인투자촉진법」상 외국인투자 신고절차가 아닌, 외국환은행에 「외국환거래법」상 지사설치신고를 하고 지점 등기 후 지점 명의로 부동산을 매입하면 됨.

※ 참고 : 외국인의 국내 부동산 취득 관계법령 비교

구분	외국인토지법	외국환거래법(부동산)	외국인투자촉진법
취득주체	• 외국인 – 외국국적 개인 – 외국법인 – 외국국적 개인이 사원 또는 구성원, 임원의 1/2 이상인 법인 또는 단체 – 외국국적 개인 또는 외국법인이 지분의 1/2 이상인 법인 또는 단체 ※ 영주권자 제외	• 비거주자 ※ 영주권자 제외	• 외국인 – 외국국적 개인 – 외국법인 ※ 영주권자 포함
대상	토지의 취득	토지,건물 및 부동산에 관한 권리 취득	외국인투자기업 등록
신고기관 및 시점	• 토지소재지 시·군·구청 지적과 • 계약체결일부터 60일 이내	• 외국환은행 본·지점 • 한국은행(국내발생자금일 경우) • 부동산 취득자금 인출 시	• 외국환은행 본·지점, Invest KOREA • 투자자금 반입 이전
주요 내용	외국인이 국내 토지를 취득하기 위한 절차 등을 규정	외국인의 국내 부동산 매입 관련 외국환의 유출입에 관한 사항	외국인투자기업이 국내 토지를 매입할 경우에 있어서 외국인투자신고절차 및 조세감면, 국유재산매각 등의 혜택에 관한 사항

사례 95 외국인의 토지취득 신고의무

 외국인이 한국 내의 토지를 취득하는 계약을 체결하는 경우 반드시 외국인 토지취득 신고를 하여야 하는지?

 원칙적으로 외국인 토지취득 신고를 하여야 하나 예외적인 경우 신고를 하지 않아도 됨

보충설명

○ 통상 외국인, 외국정부 또는 국제기구 등이 한국내의 토지를 취득하는 계약을 체결한 경우에는 계약 체결일로부터 60일 이내에 시장, 군수, 또는 구청장에게 신고하여야 하지만 다음 경우에는 토지취득 신고를 하지 않아도 됨[183]
  - 「공인중개사의 업무 및 부동산 거래신고에 관한 법률」제27조에 따라 부동산거래의 신고를 한 경우
  - 「주택법」 제80조의2에 따라 주택거래의 신고를 한 경우

사례 96 외국법인 국내지사의 토지취득

 외국법인의 국내지사 입니다. 이 경우 외국인 토지취득 신고를 해야 하는지요? 그리고 취득대금은 어떻게 도입하여야 하는지?

 외국인 토지취득 신고를 해야 함

보충설명

○ 외국법인의 국내지사는 「외국인토지법」상 외국인이기 때문에 당연히 토지취득신고를 해야 함

---
183) 「외국인토지법」 제4조 제1항

○ 이 경우 해외에서 자금을 반입하여 국내 부동산을 취득하고자 하는 경우에는 동 국내지사는 「외국환거래법」상으로는 거주자이기 때문에 「외국환거래법」상의 부동산취득신고 없이 바로 외국의 본사로부터 영업자금을 지정거래외국환은행을 통하여 도입하면 됨[184]

사례 97 임원의 과반수가 외국국적인 국내법인의 토지취득

 임원의 과반수가 외국국적을 가지고 있는 국내법인인 경우 토지취득 신고를 해야 하는지?

 외국인 토지취득 신고를 해야 함

보충설명

○ 국내법인이라 하더라도 임원의 1/2이상이 외국국적개인이거나 외국국적 개인 또는 외국법인이 1/2이상 주식을 취득하고 있으면 「외국인토지법」[185] 상 외국인이므로 국내 토지를 취득하는 경우 동법에 따라 토지취득신고를 하여야 함

사례 98 외국인 지분율 50% 이상의 국내법인의 토지취득

 외국인 지분율이 50% 이상인 국내법인이 국내 토지를 취득하는 경우 「외국환거래법」에 의한 부동산 취득신고를 해야 하는지?

 「외국인토지법」상 외국인 토지취득 신고를 하여야 하나, 「외국환거래법」에 의한 부동산 취득신고를 하지 않음

---

184) 「외국환거래규정」 제9-34조
185) 「외국인토지법」 제2조 제 2호 나목, 다목 및 라목

보충설명

○ 이 경우 「외국인토지법」에서는 외국인이지만, 「외국환거래법」에서는 거주자로 분류되기 때문에 「외국환거래법」에 의한 부동산 취득신고를 하지 않음.

○ 주의하여야 할 점은 외국인투자기업 등록 예정인 외국투자가는 「외국인투자촉진법」이 적용되기 때문에 출자금이나 장기차관을 도입하여 부동산을 취득하고자 하는 경우 외자도입 자체에 대하여는 외국인투자신고 후 자금을 반입하여야 함.

사례 99 외국인의 토지분할

 외국인이 외국인투자지역 내에서 토지를 분할하는 경우 해당 지방자치단체장의 허가를 반드시 받아야 하는지?

 지방자치단체장의 허가 없이 가능함

보충설명

○ 일정한 개발행위(건축물의 건축, 공작물의 설치, 토지의 형질변경, 토석채취, 토지분할 등)을 하고자 하는 자는 자치단체장으로부터 개발행위 허가를 받도록 되어 있으나[186] 외국인투자지역 내에서 토지를 분할하는 경우에는 해당 지방자치단체장의 허가 없이 가능함[187].

---

186) 「국토의 계획 및 이용에 관한 법률」 제56조 제 1항 제4호
187) 「외국인투자촉진법」 제20조 제1항

세무 · 회계

사례 100 외부감사 의무

 외국인투자기업도 외부감사를 받아야 하는지?

 주식회사에 한해 일정 요건을 충족시키면 외국인투자기업도 다른 순수 국내법인과 동일하게 외부 감사를 받아야 함. 유한회사 등 주식회사 형태 이외의 외국인투자기업은 외부 감사 대상 아님

보충설명

○ 외부감사의 대상 : 외부 감사인에 의해 회계감사를 받아야 하는 주식회사[188]
 - 직전 사업연도 말의 자산총액이 120억 원 이상인 주식회사(그 주식회사가 분할하거나 다른 회사와 합병하여 새로운 회사를 설립한 경우에는 설립시의 자산총액이 120억원 이상인 주식회사를 말함)
 - 「자본시장과 금융투자업에 관한 법률」에 따른 주권상장법인과 해당 사업연도 또는 다음 사업연도 중에 주권상장법인이 되려는 주식회사
 - 직전 사업연도 말의 부채총액이 70억 원 이상이고 자산총액이 70억 원 이상인 주식회사(그 주식회사가 분할하거나 다른 회사와 합병하여 새로운 회사를 설립한 경우에는 설립 시의 부채총액이 70억 원 이상이고 자산총액이 70억 원 이상인 주식회사를 말함)
 - 직전 사업연도 말의 종업원 수가 300명 이상이고 자산총액이 70억 원 이상인 주식회사(그 주식회사가 분할하거나 다른 회사와 합병하여 새로운 회사를 설립한 경우에는 설립 시의 종업원수가 300명 이상이고 자산총액이 70억 원 이상인 주식회사를 말함)

---

[188] 「주식회사의 외부감사에 관한 법률 시행령」 제2조

> **사례 101** 개인사업자와 법인사업자의 세무

 질문 개인사업자와 법인사업자의 세무 측면의 차이는 무엇인가?

 답변 개인사업자의 경우 설립·운영·폐쇄가 법인사업자에 비해 간단하고 단순히 세율측면에서 비교해볼 때, 소득세의 경우 일정금액 이하인 경우 6%의 세율이 적용되어 법인사업자보다 유리하나 그 금액 이상인 경우 법인사업자가 낮은 세율을 적용받아 세제상 유리할 수 있음.

보충설명

○ 개인사업자와 법인사업자의 소득에 대한 세율은 다음과 같음

	개인사업자			법인사업자	
과세소득	소득세법에 제한적으로 열거된 소득			당해사업년도에 증가된 순자산액	
납세의무	당해연도 소득에 대하여만 납세의무 부담			각사업년도에 대한 사업소득 및 청산소득에 대해 납세의무 부담	
	세율	과세표준		과세표준	세율
	1200만원 이하	과세표준의 6%		2억원이하	과세표준의 10%
	1200만원초과 4600만원이하	72만원+(1200만원초과금액의 15%)		2억원초과 200억원 이하	2천만원+(2억원 초과 금액의 20%)
	4600만원초과 8800만원이하	582만원+(4600만원 초과금액의 24%)			
	8800만원초과 3억원 이하	1,590만원+(8800만원 초과금액의 35%)		200억원초과	39억8천만원+(200억원 초과 금액의 22%)
	1억5천만 원 초과	3,760만원+(1억5천만원 초과금액의38%)			
	*종합소득세 산출세액의 10%상당의 개인지방소득세가 부과됨.			*법인세 산출세액의 10%상당의 법인지방소득세가 부과됨.	
법인전환의 절세효과	과세표준이 크지 않다면 개인사업자가 세제상 유리하나 일정소득 이상의 경우 법인사업자가 유리함. 따라서 일정소득 이상이 되면 개인사업자가 주식회사로 전환하는 경우 절세효과를 볼 수 있음				

사례 102 | 둘 이상의 사업장이 있는 경우 타사업장 반출시 부가가치세

 둘 이상의 사업장이 있는 사업자가 자기 사업과 관련하여 생산 또는 취득한 재화를 타인에게 직접 판매할 목적으로 자기의 다른 사업장에 반출시 부가가치세 신고를 해야 하는가?

 원칙적으로 부가가치세는 사업장 단위 과세이므로 다른 사업장으로 반출을 재화의 공급으로 보아 재화를 보내는 사업장에서는 부가가치세 납부세액 신고를, 재화를 받는 사업장은 환급신고를 해야 함. 다만, 둘 이상의 사업장이 있는 사업자로서 사업자 단위 과세 사업자이거나 주사업장 총괄납부 신청을 한 사업자로서 해당 적용기간에 자기의 다른 사업장에 반출하는 경우에는 재화의 공급으로 보지 아니하므로 부가가치세 신고대상이 아님.[189]

보충설명

■ 신고 · 납세지[190]

○ 원칙 : 부가가치세는 사업장마다 신고 · 납부하여야 함.

○ 사업장이 둘 이상인 사업자는 「부가가치세법」 제8조 제3항에 따라 사업자 단위로 해당사업자의 본점 또는 주사무소(主事務所) 관할 세무서장에 사업자 단위 사업자등록을 신청할 수 있음. 따라서 사업자 단위로 등록한 사업자는 사업자 단위로 신고 및 납부할 수 있음. (사업자단위 과세사업자)

■ 주사업장 총괄납부

○ 사업자에게 둘 이상의 사업장이 있는 경우로서 주된 사업장 관할 세무서장에게 신청한 때에는 주된 사업장에서 총괄하여 납부할 수 있음.

---

189) 「부가가치세법」 제 10조 제3항
190) 「부가가치세법」 제 8조

| 사례 103 | 외국사업자 등에 대한 부가가치세 환급 |

 한국에 회의 목적으로 온 외국법인(외국사업자)이 국내에서 사업상 제공받은 재화 또는 용역에 대하여 부가가치세를 환급받을 수 있는지?

 국내에서 음식·숙박용역 ·광고용역을 제공받은 경우 부가가치세를 환급 받을 수 있음

보충설명[191]

○ 국내에 사업장이 없는 외국법인 또는 비거주자로서 외국에서 사업을 하는 자(이하 이 조에서 "외국사업자"라 한다)가 국내에서 사업상 다음 각 호의 어느 하나에 해당하는 재화 또는 용역을 구입하거나 제공받았을 때에는 그 재화 또는 용역과 관련된 부가가치세를 해당 외국사업자에게 환급할 수 있음. 다만, 그 외국사업자의 1역년(歷年)의 환급금액이 30만원 이하인 경우에는 그러하지 아니함.
  - 음식·숙박용역
  - 광고용역
  - 전력·통신용역
  - 부동산임대용역
  - 외국사업자의 국내사무소의 운영 및 유지에 필요한 재화 또는 용역으로서 기획재정부령이 정하는 것

○ 위에 따른 부가가치세의 환급은 해당 외국에서 우리나라의 사업자에게 동일하게 부가가치세를 환급하는 경우에만 적용함(상호주의)

---

[191] 「조세특례제한법」 제 107조 제6항과 제8항 및 「조세특례제한법 시행령」 제107조

사례 104 수입하는 재화에 대한 부가가치세

 수입하는 재화에 대하여 부과되는 부가가치세의 과세표준은?

 재화의 수입에 대한 부가가치세의 과세표준은 관세의 과세가격과 관세·개별소비세·주세(酒稅)·교육세·농어촌특별세 및 교통·에너지·환경세를 합한 금액으로 함

보충설명

○ 부가가치세의 과세대상은 "사업자가 행하는 재화 또는 용역의 공급"과 "재화의 수입"으로 나뉘어짐[192]. 즉, 재화 또는 용역의 공급에 대하여는 납세의무자를 사업자로 하고 있으며, 원칙적으로 그 공급되는 장소가 국내인 것에 대하여만 과세대상이 되는 것이나, 재화의 수입에 대하여는 재화의 수입자의 사업자인지의 여부 및 그 수입용도의 내용에 불구하고 모두 납세의무자에 해당하게 됨.

○ 재화가 수입되는 경우 부가가치세가 과세되는 것은 부가가치세가 국내에서 소비되거나 사용되는 것에 대하여 과세되는 간접세에 해당되기 때문에, 재화가 수입될 때 동 재화가 국내에서 소비 또는 사용될 것으로 예측하여 부가가치세를 징수함으로써 국내에서 생산된 재화를 공급받는 경우와 동일한 조세부담이 되도록 하기 위한 조치임.

○ 재화의 수입에 대한 부가가치세의 과세표준은 관세의 과세가격과 관세·개별소비세·주세(酒稅)·교육세·농어촌특별세 및 교통·에너지·환경세를 합한 금액으로 함[193]

---

192) 「부가가치세법」 제4조
193) 「부가가치세법」 제29조 제2항

사례 105 주류 수입시 발생하는 세금

 질문 수입주류도매업을 영위하고자 할 때, 주류 수입과 관련하여 발생하는 세금의 종류는 무엇이 있는가?

 답변 수입하는 주류에 대하여 관세, 주세, 교육세, 부가가치세가 부과됨

보충설명

■ 관련법에 의한 절차
○ 주세법상 절차 : 주류수출입업 면허를 발급받을 것
 – 관할기관 : 사업장 관할 세무서
○ 식품위생법상 절차 : 식품의약품안전처장 또는 국립검역소장에 대한 식품등 수입신고를 필하여야 하며 동 검역에 합격하여야 수입통관이 가능함
 – 관할기관 : 식품의약품안전처(www.kfda.go.kr), 국립검역소(nqs.cdc.go.kr)
○ 자원의절약과재활용촉진에관한법률상 절차 : 주류 용기에 대해서 한국환경공단에 부담금납부대상여부를 확인받을 것
 – 관할기관 : 한국환경공단 (www.keco.or.kr).

■ 수입통관절차
○ 상기 요건을 충족한 물품이 도착되면, 세관에 대한 수입신고, 물품검사, 관세 등 납부 등의 절차를 거침.

■ 수입시 세금의 종류와 세액산출 방법
○ 예를 들어, 보드카(HSK2208.60-0000)의 경우, 관세율 30%, 주세율 72%, 부가가치세 10% 가 부과되며, 세액산출 방법은 다음과 같음[194]
 – 관세 = 과세가격(물품가격+운임+보험료) × 관세율(30%)
 – 주세 = (관세의 과세가격+관세) × 주세율(72%)
 – 교육세 = 주세액의 30%
 – 부가가치세 =(관세의 과세가격+관세+주세+교육세) × 부가가치세율(10%)

---

194) 「관세법」 제15조 및 제49조, 「주세법」 제22조 제2항, 「교육세법」 제5조 제1항, 「부가가치세법」 제13조, 제30조 및 「부가가치세법 시행령」 제60조

사례 106 과소자본세제

 과소자본세제란?

 과세상 이자비용은 비용으로 인정되어 세금을 줄여주는 효과를 보이나, 배당금은 비용으로 인정되지 않아 세금을 줄이는 효과가 없음.
기업은 세금을 줄이기 위해 실질적인 자본을 불입하는 대신 차입금의 규모를 늘려 이자비용을 지불함으로써 회사의 비용을 늘림. 이를 방지하기 위해 기업이 국외지배주주등에게 지급하는 과다보유 차입금에 대한 이자를 비용으로 인정하지 않는 제도임.

보충설명

■ 과소자본세제

○ 내국법인의 차입금 중 국외지배주주로부터 차입한 금액과 국외지배주주의 지급보증에 의하여 제 3자로부터 차입한 금액이 그 국외지배주주가 주식등으로 출자한 출자지분의 2배(금융업은 6배)를 초과하는 경우에는, 그 초과분에 대한 지급이자 및 할인료는 배당 또는 기타사외유출로 처분된 것으로 보고 그 내국법인의 손금에 산입하지 아니함.[195]

○ 국외지배주주라 함은 내국법인 또는 외국법인의 국내사업장을 실질적으로 지배하는 다음 중 어느 하나에 해당하는 자를 말함
  - 내국법인의 경우 외국의 주주·출자자(이하 "외국주주"라 함) 및 당해 외국주주가 출자한 외국법인
  - 외국법인의 국내사업장의 경우 외국법인의 본점·지점(국외에 소재한 지점을 말함), 당해 외국법인의 외국주주 및 당해 외국법인·외국주주가 출자한 법인

---

195) 「국제조세조정에 관한 법률」 제14조제1항

# IV. 외국인생활

사례 107 외국인 등록

 한국에 거주하는 외국인은 외국인 등록을 해야 하는가?

 외국인이 입국한 날부터 90일을 초과하여 대한민국에 체류하려면 그의 체류지를 관할하는 출입국관리소장에게 외국인등록을 하여야 함

보충설명

○ 대한민국에 90일을 초과하여 체류하고자 하는 외국인은 입국일로부터 90일 이내, 체류자격 부여 또는 체류자격변경허가를 받은 외국인은 그 허가를 받은 즉시 외국인등록을 해야 함

○ 제출서류: 여권, 신청서, 컬러사진 1매(3.5cm×4.5cm), 수수료(단, 기업투자(D-8)은 면제), 외국인투자기업등록증 사본, 사업자등록증 사본

○ 외국인을 위한 비자 정보와 필요서류를 알 수 있는 곳
  - 인베스트코리아(기업투자 D-8비자에 한함): www.investkorea.or.kr
  - 외국인을 위한 전자정부포털 하이코리아: www.hikorea.go.kr
  - 법무부 출입국 외국인정책본부: www.immigration.go.kr
  - 대한민국 비자포털: www.visa.go.kr
  - 외국인종합안내센터: 국번 없이1345(한국어와 19개 외국어로 상담 제공)

사례 108 체류자격 변경

 외국인이 기업투자(D-8)비자를 취득하려면 어떤 서류가 필요한가?

○ 신청서(Application Form)   ○ 여권(Passport)
○ 여권용 사진1매(Passport I.D photo for Alien Registration Card)
○ 외국인투자기업등록증명서(Copy of Certificate of FDI Company Registration)
○ 사업자등록증 사본(Copy of Certificate of Business Registration)

○ 법인등기사항전부증명서(Incorporation Register Book)
○ 주주변동상황명세서 원본(Circumstantial statement on a change of shares)
○ 주재활동의 경우 파견명령서 및 재직증명서
　(Certificate of Employment, Dispatch Order or Assignment Letter)
　※ 파견명령서는 지사에서 파견이 되는 경우에도 외투기업등록증명서 상의 투자자 즉, 본사 발행을 원칙으로 하며 파견 기간을 반드시 명시해야 합니다.
　※ The Period must be Stated by HQ in Dispatch Order or Assignment Letter
○ 필수 전문인력 입증 서류 : 학위증, 자격증(기술자), 경력증명서, 조직도 등
　(Evidentiary Documents-Diploma, Certificate, CV, Organization chart, etc)
○ 영업실적(수출입실적 등) 증명서
　- 법인납세사실증명원(Certificate of Tax Payment for Incorporate)
　- 결산서 중 손익계산서(Statement of Profit and Loss)
　- 부가가치세 과세표준 확인증명(Certificate of Value Added Tax)
○ 체류지 입증서류(부동산 임대차계약서 등) (Residential Lease Agreement)
○ 사무실 임대차계약서(Office Lease Contract)
○ 투자자금 도입관련 입증서류(현금출자의 경우)
　- 해당국 세관이나 본국 은행(금융기관)의 외화반출허가(신고)서(해당자)
　　(Declaration of Transfer of Foreign Currency) (if related)
　- 투자자금 도입 내역서(송금확인증(Incoming Remittance Details), 외국환 매입증명서(Declaration of Foreign Currency), 세관신고서(Customs declaration))

※ 투자금액 3억원미만 개인투자자에 대한 추가 서류
○ 자본금 사용내역 입증서류(Supporting documentation of Capital use)
　- 물품구매영수증, 사무실인테리어비용 등
　　(Receipts of office interior expense etc.)
　- 국내은행계좌 입출금내역서 등(Local bank account statement)
○ 사업장존재 입증서류(사업장 전경, 사무공간, 간판 사진 등 자료)
　(Photos of company's office and building) (Inside and outside sign)
○ 영업실적 서류 및 법인통장
　- 부가가치세 과세표준증명(Certificate of Value Added Tax)
　- 결산서 중 손익계산서(Statement of Profit and Loss)
　- 수출신고필증(수출입면장) (Certificate of Export Report)
　- 수출대금회수 증명서류(통장 등 국내계좌입출금내역서)
　　(Bank Translation Statement, Bankbook)
○ 사업계획서(투자금 사용내역, 향후 사업계획) (Business Plan)
○ 자국에서 투자금 형성관련 입증서류(통장사본 등)
○ 해당 업종 또는 분야의 사업경험 관련 국적국 서류(필요시 징구)
　(Documents or Certificate of Business Related Experiences) (Might require for additional proof)

보충설명

○ 기본요건 : 대한민국 법인에 1억 원 이상 투자하고, 투자한 법인의 의결권 있는 주식총수의 100분의 10이상을 소유[196]하거나 법인의 주식 등을 소유하면서 임원파견, 선임계약 등을 체결[197]

○ 대상 : 「외국인투자촉진법」에 따른 외국인투자기업, 대한민국 법인(설립중인 법인을 포함) 또는 국민(개인)이 경영하는 기업의 경영·관리 또는 생산·기술 분야에 종사하려는 필수전문인력(국내에서 채용하는 사람은 제외)

사례 109 체류기간연장

 외국인 D8비자를 연장하려면 어떤 서류가 필요한가?

- 신청서(Application Form) ○ 여권(Passport)
- 외국인등록증(Alien Registration Card)
- 외국인투자기업등록증명서(Copy of Certificate of FDI Company Registration)
- 사업자등록증 사본(Copy of Certificate of Business Registration)
- 법인등기사항전부증명서(Incorporation Register Book)
- 주주변동상황명세서 원본(Circumstantial statement on a change of shares)
- 주재활동의 경우 파견명령서 및 재직증명서
  (Certificate of Employment, Dispatch Order or Assignment Letter)
  ※ 파견명령서는 지사에서 파견이 되는 경우에도 외투기업등록증명서 상의 투자자 즉, 본사 발행을 원칙으로 하며 파견 기간을 반드시 명시해야 합니다.
  ※ The Period must be Stated by HQ in Dispatch Order or Assignment Letter
- 필수 전문인력 입증 서류 : 학위증, 자격증(기술자), 경력증명서, 조직도 등
  (Evidentiary Documents-Diploma, Certificate, CV, Organization chart, etc)

---

196) 「외국인투자촉진법 시행령」 제2조 제2항 제1호
197) 「국민건강보험법 시행령」 제2조 제2항 제2호

- ○ 영업실적(수출입실적 등) 증명서
    - 법인납세사실증명원(Certificate of Tax Payment for Incorporate)
    - 결산서 중 손익계산서(Statement of Profit and Loss)
    - 부가가치세 과세표준 확인증명(Certificate of Value Added Tax)
- ○ 개인 납세사실 증명원 또는 근로소득원천징수영수증
    (Certificate of Tax Payment for Private)
- ○ 체류지 입증서류(부동산 임대차계약서 등) (Residential Lease Agreement)
- ○ 사무실 임대차계약서(Office Lease Contract)
- ○ 투자자금 도입관련 입증서류(현금출자의 경우)
    - 해당국 세관이나 본국 은행(금융기관)의 외화반출허가(신고)서(해당자)
        (Declaration of Transfer of Foreign Currency) (if related)
    - 투자자금 도입 내역서(송금확인증(Incoming Remittance Details), 외국환매입증명서(Declaration of Foreign Currency), 세관신고서(Customs declaration) 등)

※ 투자금액 3억원미만 개인투자자에 대한 추가 서류
- ○ 자본금 사용내역 입증서류(Supporting documentation of Capital use)
    - 물품구매영수증, 사무실인테리어비용 등
        (Receipts of office interior expense etc.)
    - 국내은행계좌 입출금내역서 등(Local bank account statement)
- ○ 사업장존재 입증서류(사업장 전경, 사무공간, 간판 사진 등 자료)
    (Photos of company's office and building) (Inside and outside sign)
- ○ 영업실적 서류
    - 수출신고필증(수출입면장) (Certificate of Export Report)
    - 수출대금회수 증명서류(통장 등 국내계좌입출금내역서)
        (Bank Translation Statement, Bankbook)
- ○ 사업계획서(투자금 사용내역, 향후 사업계획) (Business Plan)
- ○ 해당 업종 또는 분야의 사업경험 관련 국적국 서류(필요시 징구)
    (Documents or Certificate of Business Related Experiences) (Might require for additional proof)

사례 110 외국인의 건강보험 가입 의무

 외국인투자기업의 임원으로 근무하고 있는 외국인(해외출장이 잦고 국내에 부양가족이 없음)의 경우 국민건강보험에 반드시 가입하여야 하는지?

 국민건강보험 적용사업장에 근무하는 외국인은 원칙적으로 건강보험에 가입하여야 함. 다만, 일정한 요건을 충족시키는 경우 가입을 면제 받을 수 있음. 특히 국민건강보험은 보험료를 1회 이상 납부하면 보험료 부담 가중 등을 이유로 임의탈퇴가 불가능하니 각별히 주의하여야 함

보충설명

■ 외국인의 건강보험 가입[198]
○ 국민건강보험법상 직장가입자가 되는 재외국민 또는 외국인 : 외국인등록을 한 자[199] 또는 국내 거소신고[200]를 한 자로서 직장가입자 적용 사업장에 근무하는 자와 공무원, 교직원으로 임용 또는 채용된 자 (다만, 1월 미만의 기간 동안 고용되는 일용근로자 등은 제외[201])

■ 외국인의 건강보험 가입제외[202]
○ 국민건강보험 가입제외 허용[203] : 국내에 근무하는 기간 동안 외국의 법령, 외국의 보험 또는 사용자와의 계약 등에 따라 국민건강보험법[204]에 따른 요양급여에 상당하는 의료보장을 받을 수 있는 경우

---

198) 「국민건강보험법 시행규칙」 제61조 제5항
199) 「출입국관리법」 제31조
200) 「재외동포의 출입국과 법적지위에 관한 법률」 제6조
201) 「국민건강보험법」 제6조 제2항
202) 「국민건강보험법」 제109조
203) 「국민건강보험법 시행령」 제76조 제5항
204) 「국민건강보험법」 제41조

○ 보수월액의 상한과 하한[205]
  - 보수월액이 28만원 미만인 경우 : 28만 원
  - 보수월액이 7,810만원을 초과하는 경우 : 7,810만 원

■ 가입 제외 신청방법 : 직장가입자자격상실신고서[206]에 다음의 서류를 첨부

○ 외국의 법령, 보험에 따라 의료보장을 받는 경우
  - 외국 법령의 적용대상 여부에 대한 확인서나 보험계약서 등 의료보장을 받을 수 있음을 증명할 수 있는 서류
  - 재외국민 또는 외국인이 건강보험에서 탈퇴하겠다는 취지를 기재한 서류

○ 사용자와의 계약 등에 따라 의료보장을 받는 경우
  - 근로계약서 등 의료보장을 받을 수 있음을 증명할 수 있는 서류
  - 해당 사업장 소속 근로자에게 의료비를 지급한 사실을 증명하는 서류
  - 재외국민 또는 외국인이 건강보험에서 탈퇴하겠다는 취지를 기재한 서류

○ 외국인 및 재외국민인 가입자의 자격취득시기, 보험료의 부과표준 및 징수절차 그 밖에 자격관리에 필요한 세부적인 사항은 보건복지가족부장관이 정하여 고시[207]
  → 「장기체류 재외국민 및 외국인에 대한 건강보험 적용기준」보건복지부 고시 제2015-30호(2015.2.2.)

---

[205] 「국민건강보험법 시행령」 제32조
[206] 「국민건강보험법시행규칙」 별지 제8호
[207] 「국민건강보험법시행규칙」 제61조 제6항

사례 111 외국인 인감신고

 국내 거주 외국인이 부동산 거래나 외국인투자기업 임원 취임 절차 등이 용이하도록 개인인감신고가 가능한가?

 「출입국관리법」에 의하여 외국인등록을 하면 외국인도 인감신고가 가능함

보충설명

■ 외국인의 인감신고[208]

○ 신고자격 : 출입국관리법에 의하여 외국인등록을 한 자

○ 신고장소 : 체류지를 관할하는 증명청

■ 사무의 관장[209]

○ 시장(특별시장·광역시장을 제외)·군수 및 자치구의 구청장(이하 "증명청"이라 한다)은 이 법에 의한 인감증명에 관한 사무를 관장함

○ 신고·신청의 명의[210] : 「출입국관리법」에 의하여 외국인등록을 한 자("외국인")인 경우에는 외국인등록표에 기재되어 있는 성명에 의하여야 함

○ 본인신고의 원칙[211] : 인감의 신고는 신고인이 방문하여 이를 행하여야 함. 다만, 신고인이 질병·출산·징집·복역·유학·해외거주 등으로 방문할 수 없는 경우에는 서면으로써 이를 행할 수 있음[212]

---

208) 「인감증명법」 제3조
209) 「인감증명법」 제2조
210) 「인감증명법 시행령」 제3조
211) 「인감증명법」 제7조
212) 「인감증명법 시행령」 제8조

■ 인장의 규격[213]

○ 인감의 증명에 사용하는 인장의 크기는 가로·세로 각각 7밀리미터 이상 30밀리미터 이내이어야 함

■ 방문에 의한 인감신고[214]

○ 신고인 본인이 소관증명청을 방문하여 신분증과 인감에 사용될 인장을 제출하고, 다음 각호의 사항을 구술로 신고하여야 함
  - 등록기준지(외국인 제외)
  - 주소·국내체류지 또는 국내거소지
  - 성명
  - 주민등록번호(주민등록번호가 없는 신고인의 경우에는 생년월일)
  - 여권번호(재외국민·외국인·국내거소신고자의 경우에 한함)

■ 외국인등록[215]

○ 외국인이 입국한 날부터 90일을 초과하여 대한민국에 체류하게 되는 경우 입국한 날부터 90일 이내에 그의 체류지를 관할하는 사무소장 또는 출장소장에게 외국인등록을 하여야 함. 다만, 다음 각호의 1에 해당하는 외국인의 경우에는 그러하지 아니함
  - 주한외국공관(대사관과 영사관을 포함한다)과 국제기구의 직원 및 그의 가족
  - 대한민국정부와의 협정에 의하여 외교관 또는 영사와 유사한 특권 및 면제를 누리는 자와 그의 가족
  - 대한민국정부가 초청한 자등으로서 법무부령이 정하는 자

○ 체류자격변경허가[216]를 받는 자로서 입국한 날부터 90일을 초과하여 체류하게 되는 자는 체류자격 변경허가를 받는 때에 외국인등록을 하여야 함

---

213) 「인감증명법 시행령」 제6조
214) 「인감증명법 시행령」 제7조
215) 「출입국관리법」 제31조
216) 「출입국관리법」 제24조

■ 외국인등록표등의 작성 및 관리[217]

○ 외국인등록을 받은 사무소장 또는 출장소장은 등록외국인기록표를 작성·비치하고, 외국인등록표를 작성하여 그 외국인이 체류하는 시(특별시와 광역시를 제외)·군 또는 구(자치구를 말함)의 장에게 송부하여야 함

○ 시·군 또는 구의 장은 외국인등록표를 송부받은 때에는 그 등록사항을 외국인등록대장에 기재하여 관리하여야 함

사례 112 운전면허

 외국운전면허를 한국면허로 갱신이 가능한가?

 외국의 권한 있는 기관에서 교부 받은 운전면허증 소지자는 대사관확인서 등 제출한 구비서류를 통하여 그 면허의 진위여부가 확인되면, 적성검사 또는 적성검사와 간이학과 시험을 거쳐 국내면허로 교환발급 받을 수 있음

보충설명

○ 한국 운전면허증을 인정하는 국가에서 발급받은 면허는 적성검사(신체검사)만 실시함. 한국 운전면허증을 인정하는 국가는 도로교통공단 운전면허서비스 홈페이지(http://dl.koroad.or.kr)에서 확인할 수 있음

○ 한국 운전면허증을 인정하지 않는 국가에서 발급받은 면허는 적성검사와 간이학과 시험을 치러야 함. 간이학과 시험은 객관식 40문항으로 이루어져 있으며, 한국어, 영어, 중국어, 러시아어, 일본어, 태국어, 베트남어, 인도네시아어, 몽골어, 캄보디아어, 필리핀(타갈로그어) 중 선택 가능함.
  * 미국 오레곤주, 아이다호주는 상호인정국가임에도 학과시험 실시

---

217) 「출입국관리법」 제34조

사례 113 외국인등록사항 변경 신고의무

 여권을 재발급 받은 경우, 신고를 해야 하나?

 여권 번호, 발급일자 및 유효기간이 변경된 경우 신규 여권 발급일로부터 14일 이내에 관할 출입국관리사무소에 외국인등록사항변경 신고를 해야 함.

보충설명

○ 여권의 재발급뿐만 아니라 아래 신고사유에 해당하는 사유가 발생한 때에도 외국인등록을 한 외국인은 관할 출입국관리사무소에 외국인등록사항변경신고를 해야 함.
- 성명, 성별, 생년월일 및 국적이 변경된 경우
- 문화예술(D-1), 유학(D-2), 일반연수(D-4)부터 기업투자(D-8), 무역경영(D-9) 자격 외국인의 소속기관 또는 단체가 변경(명칭변경 포함)된 경우

○ 신고기한 : 신고 사유가 발생한 날로부터 14일 이내

○ 신고 시 제출 서류 :
- 여권 및 외국인등록증, 신고서, 변경사항 입증 서류

○ 외국인등록을 한 외국인이 외국인등록사항이 변경된 날부터 14일 이내에 관할 출입국관리사무소에 신고를 하지 않은 경우, 출입국관리법 제 35조 위반으로 과태료가 부과됨

사례 114 체류지 변경 신고 의무

 이사를 한 경우, 주소 변경 신고를 해야 하나?

 외국인이 체류지를 변경한 때에는 체류지 변경 신고를 해야 함.

보충설명

○ 외국인등록을 한 외국인이 체류지를 변경한 때에는 전입한 날부터 14일 이내에 새로운 체류지의 시·군·구의 장 또는 관할 출입국관리사무소 또는 출장소장에게 전입신고를 해야 함

○ 신고기한: 전입한 날로부터 14일 이내

○ 신고 시 제출 서류:
여권 및 외국인등록증, 신고서, 임대차계약서

○ 외국인등록을 한 외국인이 체류지를 변경한 날부터 14일 이내에 신고를 하지 않은 경우 출입국관리법 제 36조 위반으로 100만 원 이하의 벌금이 부과됨

사례 115 영·유아 복지 제도

 한국에 거주하는 외국인 아이도 보육료 지원을 받을 수 있나?

 지방자치단체에서 시행하고 있는 (어린이집) 보육료 지원은 주민등록번호가 있는 한국 국적의 아이만 지원 대상이 됨.

보충설명

○ 지방자치단체에서 실시하고 있는 영·유아 복지 제도는 외국인등록을 한 외국인에게는 해당되지 않음

○ 영·유아 복지 제도 중, 장난감이나 도서를 대여해주는 서비스는 이용 가능
  - 이용방법(서울시의 경우): 서울시보육정보센터 녹색장난감도서관(http://www.seoultoy.or.kr) 홈페이지에 부모명의로 회원가입 후, 장난감도서관에 방문하여 관련 서류 확인 후 아동명의로 회원변경
  - 이용 가능 연령: 자녀가 만72개월 이하
  - 연회비: 1만 원

사례 116 임신·출산 진료비 지원

 외국인도 임신·출산 진료비를 지원받을 수 있나?

 외국인이라도 한국의 건강보험 가입자(피부양자)라면 임신·출산 진료비 지원 사업에 따른 진료비 지원을 받을 수 있음.

보충설명

○ 임신·출산 진료비 지원이란 임신부의 본인 부담금을 덜어 출산의욕을 높이고, 건강한 태아 분만과 산모 건강관리를 위하여 임신 및 출산과 관련된 진료비를 전자바우처(국민행복카드)로 일부 지원하는 제도

○ 지원 내용
  - 대상자: 건강보험 가입자(피부양자) 중 임신확인서로 임신이 확인되며 지원 신청을 한 자
  - 지원 범위: 임신 및 출산과 관련된 진료
  - 지원 방법: 「임신·출산 진료비 지원 지정요양기관」에서 진료비를 결제 할 수 있는 국민행복카드 제공

- 지원 금액: 임신 1회당 50만원(다태아 임신부는 70만원 지원)
- 사용 기간: 카드 수령 후~분만 예정일로부터 60일까지
※ 동 사용기간 내 미사용한 잔여 금액은 자동 소멸
- 신청 접수처: (BC카드)IBK기업은행, NH농협, 대구은행, 부산은행, 경남은행
* 우체국, SC제일은행, 수협, 제주은행, 광주은행, 전북은행, 우리카드는 7월부터 추가
  - (삼성카드)새마을금고, 백화점(신세계, 세이) 고객서비스센터, 삼성카드 지점
  - (롯데카드)롯데백화점 카드센터, 롯데카드 지점
  - 국민건강보험공단 지사
- 구비서류: 임신·출산 진료비 지원 신청 및 임신확인서

사례 117 외국인등록증의 반납

 체류 기간이 남아있는데 파견 근무가 종료되어 출국하는 경우 외국인등록증을 어떻게 해야 하나?

 출국할 때, 공항 출입국관리공무원에서 외국인등록증을 반납하면 됨

보충설명

○ 외국인등록을 한 외국인이 출국할 때에는 출입국관리공무원에게 외국인등록증을 반납하여야 함. 다만, 허가된 체류기간 내에 다시 입국하려는 경우에는 그러하지 아니함[218].

---

218) 「출입국관리법」 제37조 제1항

사례 118 외국인의 소득세 신고

 외국인투자기업의 외국인 임직원(비거주자)인 경우, 급여에 대하여 본국에서 소득세를 납부하고 한국에서도 또 세금을 신고, 납부하여야 하는가?
만약 그렇다면 같은 소득에 대해 이중으로 세금을 납부하게 되는 거 아닌가?

 각국의 조세조약현황이 다르므로 일률적으로 말할 수 없으나, 일반적으로 한국에서 제공한 인적용역과 관련한 세금에 대하여 한국에 소득세를 신고, 납부함.
다만, 각국은 통상 외국납부세액공제 등 이중과세를 방지하기 위한 제도를 두고 있으므로 외국(한국)에서 납부한 세금 상당액을 본국에서 세금 신고시 공제하여 이중과세가 방지되도록 하고 있음

사례 119 휴대폰 분실

 휴대폰을 잃어버렸을 때, 어떻게 해야 하나?

 바로 휴대폰 통신사에 연락하여 발신정지(착신가능)와 함께 분실신고를 해 두는 것이 좋음.

보충설명

○ 휴대폰 분실 후에 바로 분실 신고를 하지 않으면, 타인 사용으로 요금이 과다하게 청구될 수 있음

○ 백화점 및 지하철 등에서 분실한 경우, 백화점 고객센터나 지하철역 유실물센터에 연락하면 습득물 접수가 된 물건이 있는지 확인이 가능함

※ 확인하세요: 유실물 보관센터
- 경찰청 유실물 종합안내: www.lost112.go.kr
- 핸드폰 찾기 콜센터: www.handphone.or.kr (02-3471-1155)
- 서울시 대중교통 분실물센터: www.seoul.go.kr (국번없이 120)
- 서울택시 유실물센터: www.stj.or.kr (02-2033-9200)

사례 120 긴급의료전화

 응급의료상황 발생 시 한국어를 못하면 어디로 전화해야 하는가?

 국번없이 119로 전화하거나 BBB 언어통역서비스(1588-5644)를 이용하면 24시간 상담 가능함

보충설명

○ 2013년 6월부터 응급의료정보센터에서 운영하던 긴급번호 1339가 119로 통합되어 각종 응급처치 지도 및 응급상황 시 구급차 출동연결 지원.

○ 서울시 119의 경우 영어, 일본어, 중국어, 베트남어, 몽골어로 응급의료상담이 가능하나, 지역별 방재센터마다 지원 가능한 언어가 상이하므로 이런 경우 BBB 언어통역서비스를 통한 3자 연결 상담을 권장함.

○ BBB 언어통역서비스
  • 지원언어: 영어, 일본어, 중국어, 불어, 스페인어, 이탈리아어, 러시아어, 독어, 포르투갈어, 아랍어, 폴란드어, 터키어, 스웨덴어, 태국어, 베트남어, 말레이시아어, 인도네시아어, 몽골어
  • 가능시간: 24시간
  • 상담전화: 1588-5644
  • 웹사이트: www.bbbkorea.org

사례 121	국내 신용카드 발급

 한국 신용카드를 만들고 싶은데 신청 가능한지?

 가능함. 지점방문을 통해 신청 가능하며 카드발급 심사기준은 회사마다 상이함.

보충설명

○ 신용카드 신청 안내
- 신청자격: 외국인등록증 소지자, 만 20세 이상 한국에 직업이 있는 자, 해당은행 계좌 보유자
- 구비서류: 소득증명서(최근 3개월), 근로계약서, 외국인등록증, 여권
- 발급절차: 신용카드 심사팀에서 서류심사 진행.
  - 서류통과가 되지 않을 경우 보증금 예치방식으로 신용카드 발급 가능 (KEB외환은행 기준). 이때 카드한도는 보증금의 90% 로 설정되며 신용카드를 해지하기 전까지 보증금 출금 불가.

사례 122	한국어강좌

 한국어를 배우고 싶은데 어디서 배울 수 있는지, 무료강좌는 없는지 궁금하다.

 전국 주요대학 한국어학당, 외국인지원센터 혹은 온라인강좌를 통해 가능함.

> 보충설명

■ 유료 한국어강좌

Offline Only	
경희대학교 국제교육원	http://eng.iie.ac.kr/
고려대학교 한국어문화교육센터	http://klcc.korea.ac.kr/
부산대학교 국제언어교육원	http://ili.pusan.ac.kr/_English/2001001.asp
한세대학교 한국어학당	http://www.hskli.com/eng/
Easy Korean Academy	http://www.edukorean.com/english/
Offline Only	
누리-세종학당	http://www.sejonghakdang.org/
서강대학교 한국어강좌	http://korean.sogang.ac.kr/
연세대학교 한국어학당	http://www.yskli.com/

■ 무료 한국어강좌

Offline Only	
Seoul Global Center	http://global.seoul.go.kr/
Online/Offline	
KOTRA Contact Korea	http://www.contactkorea.go.kr/en/index.do
Offline Only	
KBC Let's Learn Korean	http://world.kbs.co.kr/learn_korean2/
Talk To Me in Korean	http://www.talktomeinkorean.com/

사례 123 외국인의 휴대폰 가입

 외국인이 한국에서 휴대폰을 개통하려면 어떻게 해야 하는가?

 체류자격별로 차이가 있지만 대부분의 경우 외국인등록증이 있으면 가까운 대리점 방문 시 휴대폰 가입 및 개통이 가능함.

보충설명

■ 통신사별 외국인 휴대폰 (후불)개통 안내(2015년 6월 기준)

1. SK텔레콤(T-World)
- 체류코드 D-8, F-3의 경우 1인 1회선 가입 가능 외국인 미성년자의 경우 1인 1회선 가입 가능하나, 미성년자가 있는 법정대리인은 1인 3회선까지 개통 가능
- 미성년자의 경우 가입 시 보증금 20만원 납부
- 개통 시 가입비는 내/외국인 구분없이 동일하게 적용
- 구비서류: 외국인등록증(단, 미성년자의 경우 본인 외국인등록증, 법정대리인의 가입동의서, 인감증명서 및 법정대리인 입증서류 필요)

2. LG유플러스
- 외국인 성인의 경우 외국인등록증만 구비하면 가입 가능 외국인 미성년자의 경우 외국인등록증을 지참하고 매장에 직접 방문 시 등록코드를 조회하여 가입가능여부를 알려줄 수 있음
- 보증금은 없고 가입비는 내/외국인 구분없이 동일하게 적용
- 구비서류: 외국인등록증(단, 미성년자의 경우 본인 외국인등록증, 법정대리인의 가입동의서, 인감증명서 및 법정대리인 입증서류 필요)

3. Olleh KT
- 외국인등록증이 있는 성인의 경우 1인 2회선(선/후불 포함) 개통 가능 외국인 미성년자의 경우 본인명의로 개통 가능하나 법정대리인의 회선을 이용해야 하고, 추가 1회선 당 보증금 20만원 납부
- 구비서류: 외국인등록증(단, 미성년자의 경우 본인 외국인등록증, 법정대리인의 가입동의서, 인감증명서 및 법정대리인 입증서류 필요)

사례 124 외국투자가의 영주자격 신청

 질문 외국투자가의 체류자격에서 영주권 신청이 가능한가?

 답변 영주자격 신청 시 외국인투자촉진법에 따라 미화 50만불 이상을 투자한 외국투자가로 국민을 5인 이상 고용 시 신청 가능함.

보충설명

■ 고액투자자에 대한 영주자격(F-5-5) 신청 안내

1. 대상(출입국관리법 시행령 별표1 28의3 다목)
   - 영주자격 신청 시 외국인투자촉진법에 따라 미화 50만불 이상을 투자한 외국투자가로 국민을 5인 이상 고용한 자

2. 요건
   - 외국인투자촉진법에 따라 국내에 미화 50만불 이상 투자*하였을 것
     * 투자자 본인만 영주자격 신청 대상임(투자자 본인 외 직원 등은 신청대상이 아니며, 외국인 2인 이상 공동투자의 경우 1인당 50만불 이상이어야 신청가능)
   - 국민을 직접 고용하고 있는 고용계약 당사자* 일 것
     * 해당 기업 소속 임직원이 아닌 국민과의 직접적인 고용계약 당사자를 말함
   - 국민 5명 이상을 정규직으로 6개월 이상 고용하고 있을 것

3. 신청장소 : 주소지 관할 출입국사무소

4. 제출서류
   ① 신청서(별지제34호 서식), 여권, 외국인등록증, 수수료
   ② 신원보증서
   ③ 외국인투자기업 등록증명서
   ④ 법인등기사항전부증명서, 사업자등록증
   ⑤ 고용 내국인 5인 이상의 소득금액증명원(세무서발행), 본인의 소득금액 증명원(세무서발급), 고용 내국인의 정규직 고용 입증서류(고용계약서, 정규직 고용확인서 등)

⑥ 체류지 입증서류(임대차계약서, 숙소제공 확인서, 체류기간 만료예고 통지 우편물, 공공요금 납부영수증, 기숙사비 영수증 등)

* 참고: 외국투자가 비자(D-8)가 아닌 법무부에서 시행하는 '투자이민제도'에 관한 자세한 내용은 인천공항 투자이민센터(Tel. 032-740-7888, www.visa.go.kr)에서 확인 가능함

사례 125 외국인투자기업 법인등기 시 외국공문서 공증확인

 법인등기 시 외국에서 준비해오는 공문서에 대한 공증은 어떻게 받아야 하는가?

 아포스티유(Apostille) 협약가입국의 경우 아포스티유 확인, 미가입국의 경우 해당국 외교부의 영사확인과 한국공관 영사확인이 필요함

보충설명

■ "아포스티유 확인"이란?
- 한 국가의 문서가 다른 국가에서 인정받기 위해서는 문서의 국외사용을 위한 확인(Legalization)을 받아야 하는데, 일반적으로는 문서가 사용될 국가(문서접수국)가 자국의 해외공관에서 '영사확인'이라는 방식으로 공관이 소재하고 있는 국가의 발행 문서의 신뢰성을 확인 해주고 있음

- 문서접수국 해외공관원(영사)이 문서발행국 문서를 '영사확인'하는 경우, 문서발행국 공문서 신뢰성 여부를 신속하게 확인하기 힘들고 확인에 장시간이 소요되는 불편이 있어 공관 소재국의 외교부 영사확인 등을 먼저 이행하도록 요구하고 있으며, 민원인 또한 시간·비용 면에서 이중의 불편을 감수하고 있음

- 이러한 불편을 해소하기 위해, 문서발행국의 권한 있는 당국이 자국 문서를 확인하면, 아포스티유 협약 가입국들은 자국의 해외공관이 현지 국가가 발

행한 문서에 대한 추가적 확인 없이 자국에서 직접 사용할 수 있도록 인정하는 '외국공문서에 대한 인증의 요구를 폐지하는 협약(이른바 아포스티유 협약)'이 도입됨

■ 아포스티유 가입국 현황(총 105개국)

지역	국가/지역
아시아, 대양주(16)	호주, 중국 일부(마카오, 홍콩), 일본, 한국, 뉴질랜드, 브루나이, 몽골, 쿡제도, 피지, 인도, 마샬군도, 모리셔스, 바누아투, 사모아, 통가, 니우에
유럽(51)	알바니아, 오스트리아, 벨라루스, 벨기에, 보스니아-헤르체코비나, 불가리아, 크로아티아, 키프로스, 체코, 덴마크, 에스토니아, 핀란드, 프랑스, 조지아, 독일, 몰타, 그리스, 헝가리, 아이슬란드, 아일랜드, 이탈리아, 라트비아, 리투아니아, 룩셈부르크, 모나코, 몬테네그로, 네덜란드, 노르웨이, 폴란드, 포르투갈, 러시아, 루마니아, 세르비아, 슬로바키아, 슬로베니아, 스페인, 스웨덴, 스위스, 터키, 키르키즈스탄, 마케도니아, 우크라이나, 영국, 안도라, 아르메니아, 아제르바이잔, 몰도바, 리히텐슈타인, 산마리노, 카자흐스탄, 우즈베키스탄
북미(1)	미국
중남미(24)	아르헨티나, 멕시코, 파나마, 수리남, 베네수엘라, 앤티가바부다, 바하마, 바베이도스, 벨리즈, 콜롬비아, 도미니카연방, 도미니카공화국, 에콰도르, 엘살바도르, 그라나다, 온두라스, 세인트빈센트, 페루, 트리니다드토바고, 세인트루시아, 세인트키츠네비스, 코스타리카, 우루과이, 니카라과
아프리카(10)	남아프리카공화국, 보츠와나, 레소토, 라이베리아, 나미비아, 상투메프린시페, 스와질랜드, 말라위, 카보베르데, 세이셸
중동(3)	오만, 이스라엘, 바레인

■ 외국공문서 공증확인 절차

o 영사확인(아포스티유 미가입국 제출용)

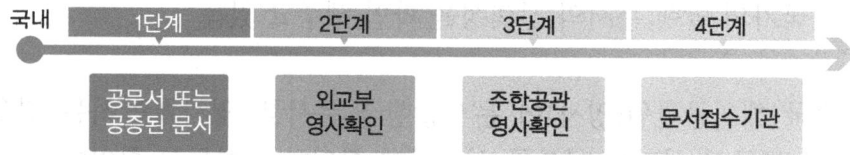

o 영사확인(아포스티유 미가입국 제출용)

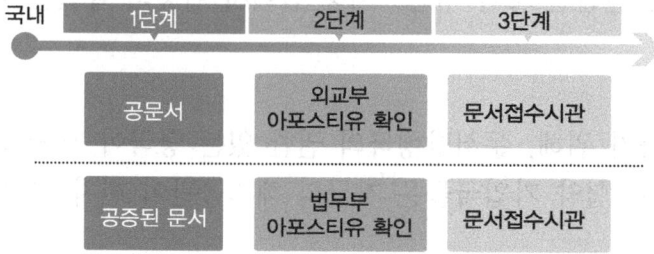

사례 126 — 외국투자가를 위한 출입국 우대제도

 외국투자가(D-8비자 소지자)의 경우 전용 출입국심사대 이용이 가능한가?

 D-8비자 소지자는 별도의 출입국우대카드 없이 공항에 마련된 출입국우대 심사대를 통해 출입국심사가 가능함

보충설명

■ 외국인투자기업의 해외 모기업 임직원을 위한 '출입국 우대카드' 안내

○ D-8 비자가 없는 외국인투자기업의 해외 모기업 임직원이 한국 방문 시, 외국투자가 출입국 우대카드(Immigration Priority Card) 소지자는 출입국 시 출입국우대 심사대를 통해 신속한 출입국이 가능함
○ 발급대상자
  - 아래의 직접투자금액(신고액 기준)을 초과하는 외국인투자기업의 해외 모기업 임직원

분류	기준(해외직접투자 신고금액)
제조업	미화 1,500만 불 이상
금융·보험업	미화 5,000만 불 이상
관광업	미화 1,000만 불 이상
물류업, 유통업	미화 500만 불 이상
R&D, 고도기술수반사업	미화 200만 불 이상

○ 우대카드 혜택
  - 출입국 심사대 전용창구 이용
  - 보안검색대 전용창구 이용
○ 발급과정: 매월 1~10일 KOTRA 담당자에게 신청서 및 증빙서류 송부
○ 신청 및 문의사항
  - KOTRA 투자종합상담실(+82-2-3497-1625)

Korea Trade-Investment Promotion Agency

〈부록〉 한국 투자 관련 기본정보

* 동 내용은 UNCTAD의 Best Practices에서 제시한 「투자가가 해외 투자 시 가장 많이 묻는 50가지 질문」 중 주요 사항을 정리 한 것임

1. 외국인 투자 현황

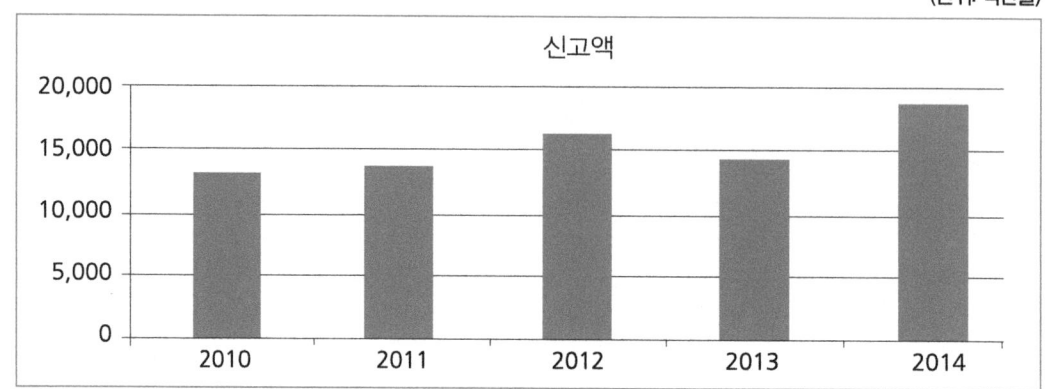

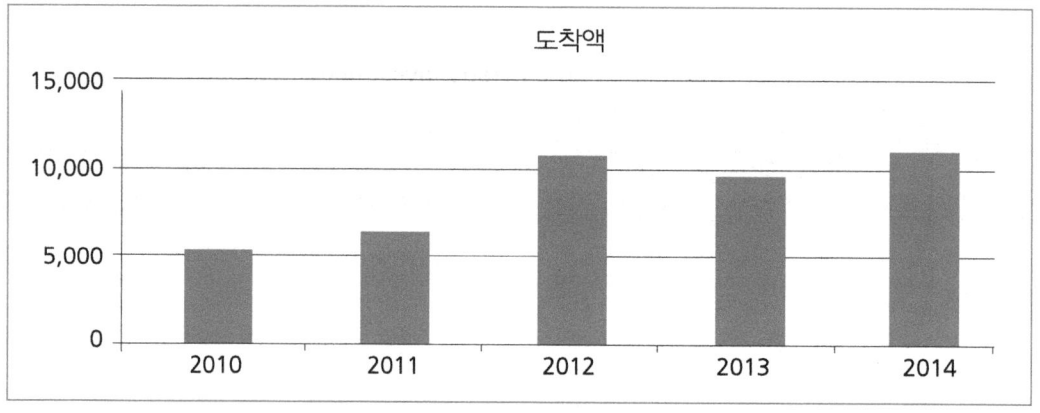

2. 외국인 투자 제외 및 제한 업종

■ 외국인투자 제외업종

○ 외국인투자 제외업종은 외국인투자촉진법을 적용하기 어려운 공공성격의 업종으로 원칙적으로 외국인투자 대상 업종에서 배제됨. 이는 외국인투자 및 기술도입에 관한 규정 및 외국인투자 통합공고에서 고시하고 있음

〈외국인투자 제외업종〉

- 우편업, 중앙은행, 개인공제업, 연금업, 금융시장관리업, 그 외 기타 금융지원 서비스업 등
- 입법·사법·행정기관, 주한외국공관, 기타 국제 및 외국기관
- 교육기관(유아, 초·중·고등·대학교, 대학원, 특수학교 등)
- 예술가, 종교단체, 산업·전문가·환경운동·정치·노동운동 단체 등

■ 외국인투자 제한업종

○ 외국인투자 제한업종도 원칙적으로 외국인투자가 금지되지만, 다만 허용기준이 마련된 경우에는 허용기준 범위 내에서 투자가 허용됨. 외국인투자 및 기술도입에 관한 규정 및 외국인투자 통합공고에서 고시하고 있음

○ 외국인은 외국인투자 금지업종 및 부분허용 업종을 함께 영위하는 기업에 투자할 수 없으며, 외국인투자 부분허용 업종을 2개 이상 영위하는 기업에 투자할 경우 투자허용비율이 가장 낮은 업종의 투자비율을 초과할 수 없음

업종명(표준산업분류)	허용기준
곡물 및 기타 식량작물 재배업(01110)	벼 재배 및 보리 재배 제외
육우 사육법(01212)	외국인투자비율이 50% 미만인 경우 허용
연근해 어업(03112)	
기타 기초 무기화학물질 제조업(20129)	원자력발전 연료의 제조·공급사업은 제외하고 허용
기타 비철금속 제련, 정련 및 합금 제조업(24219)	
원자력 발전업(35111)	〈 미개방 〉
수력 발전업(35112) 화력 발전업(35113) 기타 발전업(35119)	외국인이 한전으로부터 매입하는 발전설비 합계는 국내전체 발전설비의 30%를 초과하지 않아야 함
송전 및 배전업(35120)	- 외국인투자비율이 50% 미만일 것 - 외국투자가의 의결권 있는 주식 등의 소유는 내국인 제1주주보다 낮아야 함
방사성폐기물 수집운반 및 처리업(38240)	방사성 폐기물 관리법 제9조에 의한 방사성 폐기물 관리사업은 제외

업종명(표준산업분류)	허용기준
육류 도매업(46312)	외국인투자비율이 50% 미만인 경우 허용
내항 여객운송업(50121) 내항 화물운송업(50122)	다음의 각호를 모두 충족하는 경우에 허용 – 허용대상: 남북한간 여객 또는 화물운송 – 대한민국 선사와 합작 – 외국인투자비율 50% 미만
국제 항공운송법(51) 국내 항공운송법(51) 소형 항공운송법(51)	외국인투자비율이 50% 미만인 경우 허용
기타 항공 운송기업 서비스업(52939)	「항공법」 제2조 제37호의 '항공기정비업'에 대하여 외국인 투자비율이 50% 미만인 경우에 허용(단, 항공기정비업을 제외하고 제한이 없음)
신문 발행업(58121)	외국인투자비율이 30% 미만인 경우 허용
잡지 및 정기간행물 발행업(58122)	외국인투자비율이 50% 미만인 경우 허용
라디오 방송업(60100)	〈 미개방 〉
지상파 방송업(60210)	〈 미개방 〉
프로그램 공급업(60221)	외국인투자비율이 49% 이하인 경우에 허용 (단, 종합편성을 행하는 방송채널사용사업자는 외국인투자비율이 20% 이하인 경우에 허용, 보도 전문편성 방송채널사용사업은 외국인 투자비율이 10%이하인 경우에 허용) ※ 프로그램공급업은 「방송법」 상의 '방송채널사용사업'을 지칭함 다만, 종합편성이나 보도에 관한 전문편성 또는 상품소개와 판매에 대한 전문편성을 하는 자를 제외한 방송채널사용사업자의 경우, 대한민국이 외국과 양자간 또는 다자간으로 체결하여 발효된 자유무역협정 체결 상대국의 정부나 단체 또는 외국인이 주식 또는 지분을 소유하고 있는 법인은 방송법 제14조 제1항 제3호의 외국인의제법인에 해당하는 자로 보지 아니함. ※ 보다 자세한 내용은 해당 자유무역협정문 참조
유선방송업 (60222)	종합유선방송업에 대하여 외국인투자비율이 49% 이하인 경우 허용
위성 및 기타 방송업 (60229)	외국인투자비율이 49% 이하인 경우에 허용 (단, 종합편성 또는 보도에 관한 전문편성을 행하는 인터넷 멀티미디어 방송 콘텐츠사업자는 외국인투자비율이 20% 이하인 경우에 허용) 다만, 종합편성이나 보도에 관한 전문편성 또는 상품소개와 판매에 대한 전문편성을 하는 자를 제외한 인터넷 멀티미디어 방송 콘텐츠사업자의 경우, 대한민국이 외국과 양자간 또는 다자간으로 체결하여 발효된 자유무역협정 중 미래창조과학부장관이 정하여 고시하는 자유무역협정 체결 상대국의 정부나 단체 또는 외국인이 주식 또는 지분을 소유하고 있는 법인은 인터넷 멀티미디어 방송사업법 제9조 제2항 제3호의 외국인 의제법인에 해당하는 자로 보지 아니함. ※ 보다 자세한 내용은 해당 자유무역협정문 참조

업종명(표준산업분류)	허용기준
유선통신업(61210)	외국정부 또는 외국인(외국인의제법인 포함)이 소유하는 주식(의결권이 있는 주식에 한하며 주식예탁증서 등 의결권을 가진 주식의 등가물 및 출자지분을 포함)의 합이 그 발행주식 총수의 100분의 49 이하인 경우에 한하여 허용(다만, 케이티는 외국인 등이 최대주주가 될 수 없으나 주식 소유가 100분의 5 미만인 경우에는 허용) ※ 외국인 의제법인: 외국정부나 외국인(「자본시장과 금융투자업에 관한 법률」 제9조 제1항 제1호에 따른 특수관계인을 포함)이 최대주주인 법인으로서 그 발행주식 총수의 100분의 15 이상인 법인 다만, 대한민국이 외국과 양자간 또는 다자간으로 체결하여 발효된 자유무역협정 중 미래창조과학부장관이 정하여 고시하는 자유무역협정의 상대국 외국인의제법인으로 전기통신사업법 제10조에 따른 공익성 심사 결과 미래창조과학부장관이 공공의 이익을 해칠 위험이 없다고 판단한 법인은 외국인으로 보지 아니함. ※ 보다 자세한 내용은 해당 자유무역협정문 참조
무선통신업(61220) 위성통신업(61230) 그 외 기타 전기통신업(61299)	− 외국정부 또는 외국인(외국인 의제법인 포함)이 소유하는 주식(의결권주식에 한하며, DR등 의결권을 가진 주식등가물 및 출자지분 포함)의 합이 그 발행주식총수의 49%이하인 경우에 한하여 허용(다만 KT는 외국인 등이 최대주주가 될 수 없으나 주식소유가 5% 미만인 경우에는 허용) ※ 외국인 의제법인: 외국정부나 외국인(증권거래법 제2조 제20항 제1호에 의한 특수관계인 포함)이 최대주주인 법인으로서 그 발행주식 총수의 15%이상인 법인 − 단, 부가통신업은 제한이 없음
뉴스 제공업(63910)	외국인투자비율이 25% 미만인 경우 허용
국내은행(64121)	시중은행 및 지방은행에 한하여 허용 (특수은행, 농수축협은 미개방)

3. 이중과세방지 조약 체결국

(2014. 12. 31 현재)

시행국(84개국)

덴마크('79), 핀란드('81), 스웨덴('82), 노르웨이('84), 터키('84), 룩셈부르크('13), 헝가리('90), 아일랜드('91), 프랑스('92), 폴란드('92), 이태리('92), 루마니아('94), 스페인('94), 체코('95), 불가리아('95), 러시아('95), 영국('96), 벨기에('96),포르투갈('97), 몰타('98), 그리스('98), 우즈베키스탄('98), 네덜란드('99), 카자흐스탄('99), 독일('02), 오스트리아('02), 우크라이나('02), 벨라루스('03), 슬로바키아('03), 슬로베니아('06), 크로아티아('06), 알바니아('07), 리투아니아('07) 아이슬란드('08), 아제르바이잔('08), 라트비아('09), 에스토니아('10), 스위스('12) (구주 38개국) 싱가포르('13), 말레이시아('83), 방글라데시('84), 호주('84), 스리랑카('86), 인도('86), 필리핀('86), 파키스탄('87), 인도네시아('89), 몽골('93), 베트남('94),중국('94), 피지('95), 뉴질랜드('97),파푸아뉴기니('98), 일본('99), 미얀마('03), 네팔('03), 라오스('06), 태국('07) (아시아 20개국) 이집트('94), 이스라엘('97), 아랍에미리트('05), 요르단('05), 오만('06), 사우디아라비아('08), 카타르('09),이란('09), 쿠웨이트('10) (중동 9개국) 튀니지('89), 남아프리카공화국('96), 모로코('00), 알제리('06)(아프리카 4개국) 미국('79), 브라질('91), 멕시코('95), 칠레('03), 캐나다('06), 베네수엘라('07), 파나마('12) (미주 7개국), 우루과이('13), 에콰도르('13), 키르기즈('13), 페루('14), 콜롬비아('14)

서명국(7개국)

수단('04), 나이지리아('06), 가봉('10), 홍콩('14), 케냐('14), 타지키스탄('13)

개정(20개국)

독일('02-발효), 영국('96-발효), 벨기에('96-발효), 프랑스('92-발효), 네덜란드('99-발효), 오스트리아('02-발효), 스위스('12-발효),일본('99-발효), 태국(07-발효), 뉴질랜드('97-발효), 캐나다('06-발효), 쿠웨이트('10-발효),벨기에('10-서명), 싱가폴('10-서명), 이탈리아('12-서명), 호주('10-가서명), 말레이시아('11-가서명), 룩셈부르크('12-서명), 오스트리아('11-가서명), 폴란드('12-가서명)

자료원 : 외국법인 및 외국인투자기업 납세안내 2015

4. 외국인투자절차

○ 외국인투자 절차는 크게 외국인투자 신고, 투자자금 송금, 법인설립 등기 및 사업자 등록, 외국인투자기업 등록의 4단계로 이루어짐. 내국인의 법인설립 절차와 비교할 때, 외국인은 '외국인투자 신고'와 '외국인투자기업 등록'의 2개 단계만 추가될 뿐 나머지는 기본적으로 동일함.

5. 외국인투자 주식보유 제한점

○ 외국인투자기업은 다음에 해당하는 행위를 해서는 안됩니다(「외국인투자 촉진법」 제22조제3항·제4항 및 「외국인투자 촉진법 시행령」 제29조제2항)

(1) 외국인투자가 제한되는 업종을 그 허용기준을 초과하여 운영하는 행위
   〈예외〉 외국인투자비율이 10% 미만인 경우에는 허용

(2) 외국인투자가 제한되는 업종을 운영하는 다른 국내기업의 주식 또는 지분을 그 허용기준을 초과하여 취득하는 행위
   〈예외〉 아래에 해당하는 경우에는 주식 또는 지분의 취득이 예외적으로 허용

   가. 외국인투자비율이 50% 미만이고, 외국투자가(「외국인투자 촉진법」제7조제1항에 따른 특수관계인을 포함)가 최대주주가 아닌 기업이 국내기업의 주식 또는 지분을 취득하는 경우
   나. 금융업 또는 보험업 등을 운영하면서 다른 기업의 주식 또는 지분을 취득하는 것이 사업내용의 전부 또는 일부인 외국인투자기업이(「자본시장과 금융투자업에 관한 법률」 제9조제18항제7호에 따른 사모투자전문회사는 제외) 다른 법령에 따라 다른 기업의 주식 또는 지분을 취득하는 경우
   다. 국내기업의 발행주식총수 또는 출자총액의 10% 이내 범위에서 취득하는 경우

(3) 신고한 목적 또는 허가받은 목적외의 용도로 투자자금을 사용하는 행위

6. 외국인투자 촉진

■ 외국인투자의 자유화
○ 외국인은 법률에 특별한 규정이 있는 경우 외에는 제한을 받지 아니하고 국내에서 외국인투자업무를 수행할 수 있습니다. 단, 국가의 안전과 공공질서의 유지에 지장을 주는 경우, 국민의 보건위생 또는 환경보전에 해를 끼치거나 미풍양속에 현저히 어긋나는 경우, 대한민국의 법령을 위반하는 경우에는 제한을 받음

■ 외국인투자의 보호
○ 외국인투자는 외국인투자촉진법을 통해 일반 증권투자나 채권투자와 같은 간접투자보다 투자보호수준을 강화하여 지원하고 있음

(1) 대외송금 보장
○ 외국투자가가 취득한 주식 등으로부터 생기는 과실, 주식 등의 매각대금, 외국인투자촉진법 규정에 따른 차관계약에 의하여 지급되는 원리금 및 수수료와 기술도입계약에 의하여 지급되는 대가는 송금 당시 외국인투자·기술도입계약의 허가내용 또는 신고내용에 따라 그 대외송금이 보장됨

(2) 외국환거래의 정지(Safeguard) 조항 예외 적용
○ 기획재정부장관은 천재지변·전시·사변, 국내외 경제사정의 중대하고도 급격한 변동, 그 밖에 이에 준하는 사태가 발생하여 부득이 하다고 인정되는 경우에는 외국환거래를 일시 정지하거나 제한할 수 있는데(외국환거래법 제6조제1항부터 제3항), 외국인투자촉진법에서 정하는 외국인투자에 대하여는 외국환거래법의 동 조항의 적용이 배제됨. (외국환거래법 제6조제4항)

(3) 내국민 대우
○ 외국투자가와 외국인투자기업은 법률에 특별한 규정이 있는 경우 외에는 그 영업에 관하여 대한민국국민 또는 대한민국법인과 같은 대우를 받음

■ 외국인투자 관련 규제정보 서비스
○ 외국인 투자 관련 규제 입법의 도입에 앞서 외국인투자기업의 의견을 수렴하는 '외국인투자 관련 규제정보 서비스(영문 규제정보포털 e.better.go.kr과 옴부즈만 홈페이지 www.i-ombudsman.go.kr)'를 제공함
○ 신설 강화되는 입법에 대한 영문번역 제공 및 의견접수, 기존규제에 대한 건의 접수의 기능을 갖고 있으며, 이곳을 통해 불합리한 기존규제의 개선을 건의하면 14

○ 일 이내에 답변을 받을 수 있음. 아울러 분야별 규제 개선 사례에 대한 정보를 함
○ 이 서비스를 통해 외국인투자가들이 정책적으로 소외되는 현상을 방지하고, 관련 입법활동에 적극적으로 참여할 수 있음

7. 투자 인센티브

	현금지원					국공유지 임대		조세 감면 [국세(법인세, 소득세), 지방세(취득세, 재산세)] (외국인투자분에 대해서만 감면)		
	(공통)사업장신·증설					임대 계약	외투지역·산업단지내 국유지 임대료 감면(율)			
지원 대상	① 고도기술수반사업·산업지원서비스업	② 부품·소재	③ 대규모 신규 고용 창출 (시행령 별표2)	④ 연구원 5인 이상 연구개발	⑤ 지역본부, 지역전략·선도산업	외국인투자기업	① 개별형 외투지역 입주기업	② 1백만불 이상 고도기술수반사업 산업지원서비스업 ③ 5백만불 이상 제조업	① 고도기술수반사업·산업지원서비스업 ② 개별형 외투지역 입주기업 ③ 단지형 외투지역 입주기업중 - 1천만불 이상 제조업 - 5백만불 이상 물류업	④ 경자구역, 자유무역지역, 기업도시, 제주국제자유도시내 입주기업중 요건기업
지원 내용 (용도)	○공장시설·연구시설 토지 매입비·임대료, 건축비, 자본재 구입비 등 ○교육훈련보조금 ○고용보조금 * 투자기간 내 이행실적을 평가하여 지급					○ 수의 계약 가능 ○ 임대료율 1% 이상 가능	100%	○ 외투지역: 100% ○ 산업단지: 50%	○ 외투지역 부품·소재: 100% - 그 외: 75% ○ 산업단지: 50% <7년형 감면> ○5년간 100% ○2년간 50% • 총투자금액의 50~70%까지 감면 (5년형 50%, 7년형 70%) • 고용을 기준으로 20% 추가 지원가능(1인당 천만원)	<5년형 감면> ○3년간 100% ○2년간 50% * 하단 참조
								• 공유재산은 지자체별 조례로 개별 감면	○ 지방세는 지자체별 조례에 따라 총 감면기간 15년 가능(공통) ○ 도입 자본재 · 7년형: 관세, 부가세, 개별소비세 면제 · 5년형: 관세 면제	

		현금지원	국공유지 임대		조세 감면 [국세(법인세, 소득세), 지방세(취득세, 재산세)] (외국인투자분에 대해서만 감면)
			임대 계약	외투지역·산업단지內 국유지 임대료 감면(율)	
필수 조건 및 비고		○필수조건: 외투비율 30% 이상 ○평가·심사(외국인투자위원회) 결과로 지원 결정	* 국유재산법,공유재산법,공공기관운영법상 국공유지만 대상	○ 필수 : 외투비율 30% 이상 및 입주계약 이행시	〈7년형 감면〉 ○경자구역,제주첨단과학기술단지, 제주투자지구內 : 3천만불이상 제조업 등 (개별형 외투지역과 동일) 〈5년형 감면〉 ○ 경자구역, 자유무역지역, 기업도시內 : 1천만불이상 제조업 등 (단지형 외투지역과 동일) • 경자구역에는 1천만불이상 관광업, 5백만불이상 외국 의료기관 등 추가 포함 ○개발사업시행자 • 경자구역, 기업도시 : 외투금액 3천만불 이상 또는 외투비율 50% 이상 으로서 총 개발사업비 5억불 이상 • 제주투자진흥지구 : 외투금액 1천만불 이상 또는 외투비율 50% 이상으로서 총 개발사업비 1억불 이상
경제자유구역 內 외투기업 (조세감면은 자유무역지역등 포함)		○ 동일 * 경자법상 별도 규정 없음	○모든 국공유지에 대해 -수의계약 -임대료율 1%이상 가능(경자법 규정)	○ 동일 * 경자법상 별도 규정 없음 * 경자구역은 도시 조성 및 분양이 목적	

8. 지적재산권 보호(특허, 상표권 등)

○ 지적재산권은 인간의 지적 창작물 중에서 보호할만한 가치가 있는 것들에 대한 법적 권리를 뜻함. 한국 정부의 지적재산권은 크게 산업재산권과 저작권으로 분류되며, 최근에는 첨단기술과 문화의 발달로 지식재산권도 점차 다양해져서 영업비밀보호권이나 반도체칩배치설계보호권과 같은 새로운 지식재산권이 늘어날 전망. 현재 한국에서는 산업재산권은 특허청에서, 저작권은 문화체육관광부에서 관장하고 있음

■ 지적재산권 보호정책 및 현황

- 우리나라의 지적재산권 보호정책제도는 선진국 수준으로 구축되어 있음
- 지적재산권 관련 법령으로는 크게 산업재산권법(특허법, 상표법, 디자인보호

법, 실용신안법), 저작권법, 신지적재산권법(첨단산업재산권 및 정보산업재산권 관련) 등이 있음
- 정부는 각 지자체, 검찰 및 경찰과 협력하여 강력한 위조상품 단속을 실시하고 있으며, 주요국의 최신 특허분쟁 속보 서비스 등을 제공하는 특허분쟁 예보 시스템을 구축하는 등 지적재산권 보호수준을 높이기 위하여 노력하고 있음
- 지적재산권보호 시스템 개선을 위한 지속적인 정책의 결과로 우리나라는 2009년에 미국 무역대표부(USTR)가 매년 지정하고 있는 감시대상국 명단(Watch List)에서 20년 만에 처음으로 제외되었음

9. 외국인 인력사용에 대한 요구사항 및 제한사항

○ 외국인은 원칙적으로 미리 재외공관에서 사증을 받아 입국하여야 하며, 사증은 입국할 수 있음을 인정하는 "입국허가 확인" 보다는 영사의 "입국 추천행위"로 통상 소지여권에 스티커 또는 스탬프(고무인)로 입국목적(체류자격), 체류 기간 등이 날인되어 발급됨

■ 입국방법

1) 사증없이 입국하여 공항입국심사를 거쳐 체류자격 및 기간을 부여받아 입국하는 방법

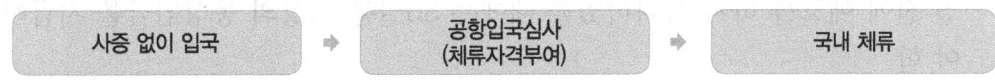

2) 재외공관에서 사증을 발급받아 입국하는 방법

3) 사증발급권한이 재외공관장에게 위임되지 않은 경우, 사전에 초청자의 주소지를 관할하는 출입국 관리사무소에서 사증발급인정서(또는 인정번호)를 발급받아 재외공관에 제시하고 사증을 받아 입국하는 방법

출입국관리사무소에서 사증발급인정서 또는 인정번호 발급 ▶ 재외공관에서 사증발급 ▶ 공항입국심사 ▶ 국내 체류

○ 우리나라에 입국하는 모든 외국인은 대통령령이 정하는 체류자격을 소지하여야 하는데 ('출입국 관리법' 제10조), 체류자격은 활동범위에 따라 36개로 분류되며 투자외국인 및 필수전문인력은 기업투자(D-8) 자격에 해당

○ 국내체류는 90일을 기준으로 단기체류와 장기체류로 구별하며, 체류자격에 따라 국내에서 장기체류로 전환(체류자격변경)을 허용하기도 하고 억제하기도 함. 대부분의 단기체류사증은 영사의 권한으로 위임되어 재외공관에서 신속히 발급되나, 위임되지 않은 장기사증은 법무부장관의 승인을 받아 재외공관에서 발급되기 때문에 시일이 소요될 수 있음

10. 최소임금정책 및 시간당 평균 임금

■ 노동법

- 근로자의 기본적 생활을 보장·향상시키고 균형 있는 국민경제의 발전을 도모하기 위해 제정한 근로기준법과 근로자에 대하여 임금의 최저수준을 보장하는 최저임금법 등 근로자의 복지 및 권익을 보호하기 위한 각종 법률이 있음

■ 해고관련 법규

- 사용자는 근로자를 해고하려면 적어도 30일 전에 그 예고를 하여야 하고, 30일 전에 예고를 하지 아니하였을 때에는 30일분 이상의 통상임금을 지급하여야 함

■ 근로조건

주당 법정근무시간	출산휴가일수	연간 국경일수	토요휴무제
40시간	90일	16일	실시

자료원 : 노동부, 국가법령정보센터
주 : 1) 주당 법정근무시간 관련, 개정근로기준법 적용유예되는 일부 사업장의 경우 주당 44시간
   2) 출산휴가의 경우 산후 45일 이상이 의무이며 근로자 의사에 따라 산전 45일 전부터 사용가능
   3) 연간 국경일수는 '근로자의 날' 포함이며, 주말 휴일은 미포함

11. 환경규제(산업폐기물 처분, 오염 방지 등)

○ 한국은 다양한 환경 관련 법규를 제정하여 적용하고 있으며, 기업에 대한 주요 환경 규제는 다음과 같음

■ 환경오염물질을 배출하는 기업의 경우

- 대기배출시설 설치 및 운영 관련
- 환경기술인 임명과 교육의무 관련
- 주요 4대강 유역 적용 규제 관련

■ 폐기물을 배출·처리하는 기업의 경우

- 폐기물의 적절한 배출과 처리 관련
- 자원의 재활용 촉진과 발생 억제 관련

■ 유해화학물질 관리 관련

- 화학물질 제조·사용 및 수입 관련
- 유독물 제조·사용 및 수입 관련
- 취급제한·금지물질의 제조·사용 및 수입 관련
- 관찰물질 제조·사용 및 수입 관련

■ 기타

- 쾌적한 생활환경 유지를 위한 규제
- 친환경적이고 지속가능한 개발을 위한 규제
- 먹는 물 관리를 위한 규제
- 토양·지하수 보전 등을 위한 규제

12. 국제중재위원회 등을 통한 조정 및 중재 가능 여부

○ 경우에 따라 다를 수는 있으나, 한국은 국제법과 국제 중재 절차 등의 일반적 원리를 존중함. 특히, 2013년 서울국제중재센터(Seoul IDRC: Seoul International Dispute Resolution Center)의 개소하였으며, 이를 통해 한국 기업과 외국인 투자기업의 편의를 도모하고자 함

13. 항만, 항공시설

■ 해상운송

- 한국의 주요 항만시설은 부산, 인천, 광양, 평택·당진, 대산, 군산, 목포, 제주, 광양, 마산, 울산에 위치

〈우리나라 주요 컨테이너 항만 물동량 현황〉

(단위 : 만TEU)

	'11년	'12년	'13
부산항	1,618	1,704	1,768
광양항	207	215	228
인천항	199	198	216

자료원 : 부산항만공사

■ 항공운송

- 한국은 15개의 공항이 있으며, 이 중 국제공항은 인천, 김포, 김해, 제주, 대구, 청주, 양양, 무안에 위치

⟨항공화물시스템(AIRCIS) 서비스 현황⟩

서비스	내용
항공물류정보 포탈서비스	- 다양한 물류지식 정보제공 및 공유기반 조성 - 물류관련 정책, 서식, 뉴스 등 제공 - 세계 공항 기상정보 및 운항 스케줄 정보 제공
항공화물 정보시스템	- 화물 예약 및 추적 관리 - 입출한 정보 관리 및 온라인 전자결제 - 화물운송장 번호 발행
협업지원 연계시스템	- 기업간 정보 공유 및 교환을 위한 연계 기반 제공 - 포워더 시스템, 적하목록, 차량위치 추적 등 연계

자료원 : 인천공항공사

- 인천국제공항은 항공사, 조업사, 포워더, 운송사 등 물류주체의 정보 공유 및 협업지원을 통한 항공 물류의 One-site, One-stop 서비스를 제공 중

⟨공항운항실적⟩

	2008년	2009	2010	2011	2012	2013	2014
항공운항(회)	211,102	198,918	214,835	229,580	254,037	271,224	290,043
승객(명)	29,973,522	28,549,770	33,478,925	35,062,366	38,970,864	41,482,828	45,512,099
항공화물(톤)	2,423,717	2,313,001	2,684,499	2,539,222	2,456,724	2,464,385	2,557,681

자료원 : 인천공항공사

14. 전력공급, 물 등의 공공서비스 비용

■ 전반적인 서비스의 질

한국은 수도, 전기, 가스 등의 기본 인프라가 전국적으로 잘 구축된 편

〈주요 공공서비스 요금〉

(단위 : 원)

주요 공공서비스	요금				기준
	구분	사용량	기본요금	전력량 요금	
전기	주택용 (저압	0~100kwh	410(US$ 0.39)	60.7(US$ 0.06)	kwh
		101~200kwh	910(US$ 0.87)	125.9(US$ 0.12)	
		201~300kwh	1,600(US$ 1.53)	187.9(US$ 3.69)	
		301~400kwh	3,850(US$ 3.69)	280.6(US$ 0.27)	
		401~500kwh	7,300(US$ 7.00)	709.5(US$ 0.68)	
		500kwh 초과시	12,940(US$ 12.41)	709.5(US$ 0.68)	
	산업용	4~300kwh	5,500~6,900 (US$ 12.41)	59.2~119.8 (US$ 0.06~0.11)	
		300~1,000kw	6,550~9,810 (US$ 6.32~9.41)	52.8~119.8 (US$ 0.05~0.11)	
도시가스	주택용	취사 – 22.2304(US$ 0.02) 난방 – 22.3556(US$ 0.02)			MJ (부가세 별도)
	업무난방용	22.9936(US$ 0.02))			
	산업용	동절기 – 21.0692(US$ 0.02) 하절기 – 20.5659(US$ 0.02) 기　타 – 20.6174(US$ 0.02)			
수도	원수	223(US$ 021)			m^3
	정수	413(US$ 0.40)			
	침전수	313(US$ 0.30)			
휘발유	1,866.78(US$ 1.79) – 2014. 5. 26 기준 ※ 전국평균가, 보통 휘발류 부가세 포함가격				리터(ℓ)
경유	1,677.67(US$ 1.61) – 2014. 5. 26 기준 ※ 전국평균가				
LPG	1,096.16(US$ 1.05) – 2014. 5. 26 기준 ※ 전국평균가, 자동차용 부탄가스 부가세 포함가격				

자료원 : 한국전력공사, 주유소종합정보시스템(오피넷), 한국가스공사, 한국수자원공사
주 : 2014. 5 조사 기준

15. 내륙 운송 인프라

■ 육상운송

○ 철도

- 기차 종류로는 무궁화호, 새마을호등 일반철도와 고속철도인 KTX(Korea Train Express)가 있으며, 운행 요금은 KTX가 가격이 가장 높고 새마을호, 무궁화호 순으로 낮아짐
- 한국형 고속철도인 KTX는 2004년 개통되어 일본, 프랑스, 독일, 스페인에 이어 세계에서 5번째로 고속철도 시스템을 갖추게 되었음

〈열차종류별 철도여객수송량(2013)〉

(단위 : 천명)

	합계	간 선						전철
		계	KTX	새마을	무궁화	통근	비둘기	
2001	850,971	117,618	0	16,041	76,089	25,488	0	733,353
2002	851,716	109,935	0	15,362	70,539	24,034	0	741,781
2003	894,621	105,524	0	14,537	67,510	23,477	0	789,097
2004	921,223	111,214	19,882	12,490	63,569	15,273	0	810,009
2005	950,995	115,002	32,370	10,625	58,665	13,342	0	835,993
2006	969,145	114,331	36,490	9,690	55,914	12,237	0	854,814
2007	989,294	110,630	37,315	10,015	55,320	7,980	0	878,814
2008	1,018,977	113,098	38,016	10,814	37,383	6,885	0	905,879
2009	1,020,315	107,732	37,477	10,932	55,335	3,988	0	912,583
2010	1,060,925	112,093	41,349	10,925	58,564	1,255	0	948,832
2011	1,118,624	121,769	50,309	10,207	60,510	743	–	996,852
2012	1,150,601	125,817	52,362	9,380	63,333	742	0	1,024,784
2013	1,230,396	132,033	54,744	9,035	67,163	1,091	0	1,098,363

자료원 : 한국철도공사

○ 고속도로

- 2010년 말 기준으로 한국은 고속도로 3,859km, 일반국도 13,812km, 특별광역시도 18,878km, 지방도 18,179km 등 포장된 2차선이상의 도로연장이 105,565km인 편리한 도로 Network를 갖추고 있음. 고속국도 제1호선인 경부 고속도로를 비롯하여 29개의 고속도로 노선이 있음

〈고속도로 노선별 이용차량(2013)〉

(단위 : 천대)

노선	이용차량수	노선	이용차량수
경부선	435,944	중앙선	149,241
서울외곽선	309,755	서해안선	131,998
영동선	205,755	경인선	49,948
중부선	146,605	호남선	111,883

자료원 : 한국도로공사

16. 세금수준 및 구조

■ 조세현황

- 한국의 조세부담률(국내총생산에서 조세가 차지하는 비율)은 17.9%(2013년 기준)로 OECD 국가들의 조세부담률인 24.7%(2012년 기준, 2013년 값은 미발표)와 비교하여 낮은 수준임
  * 자료원 : OECD Revenue Statistics(2012년판)

- 법인세의 경우 소득이 2억 원 이상인 경우 2008년 25%에서 2009년 22%로 인하되었으며 2억 원 이하는 2009년에 11%에서 2010년 10%로 인하되었음

⟨종합소득세 기본세율⟩

과세표준	세율
1,200만원 이하	6%
1,200만원 초과 4,600만원 이하	720,000원 + 1,200만원 초과액×15%
4,600만원 초과 8,800만원 이하	5,820,000원 + 4,600만원 초과액×24%
8,800만원 초과 3억원 이하	15,900,000원 + 8,800만원 초과액×35%
3억원 초과	90,100,000원 + 3억원 초과액×38%

⟨법인세 기본세율⟩

과세표준	세율
2억원 이하 부분	10%
2억원 초과 200억원 이하 부분	20%
200억원 초과 부분	22%

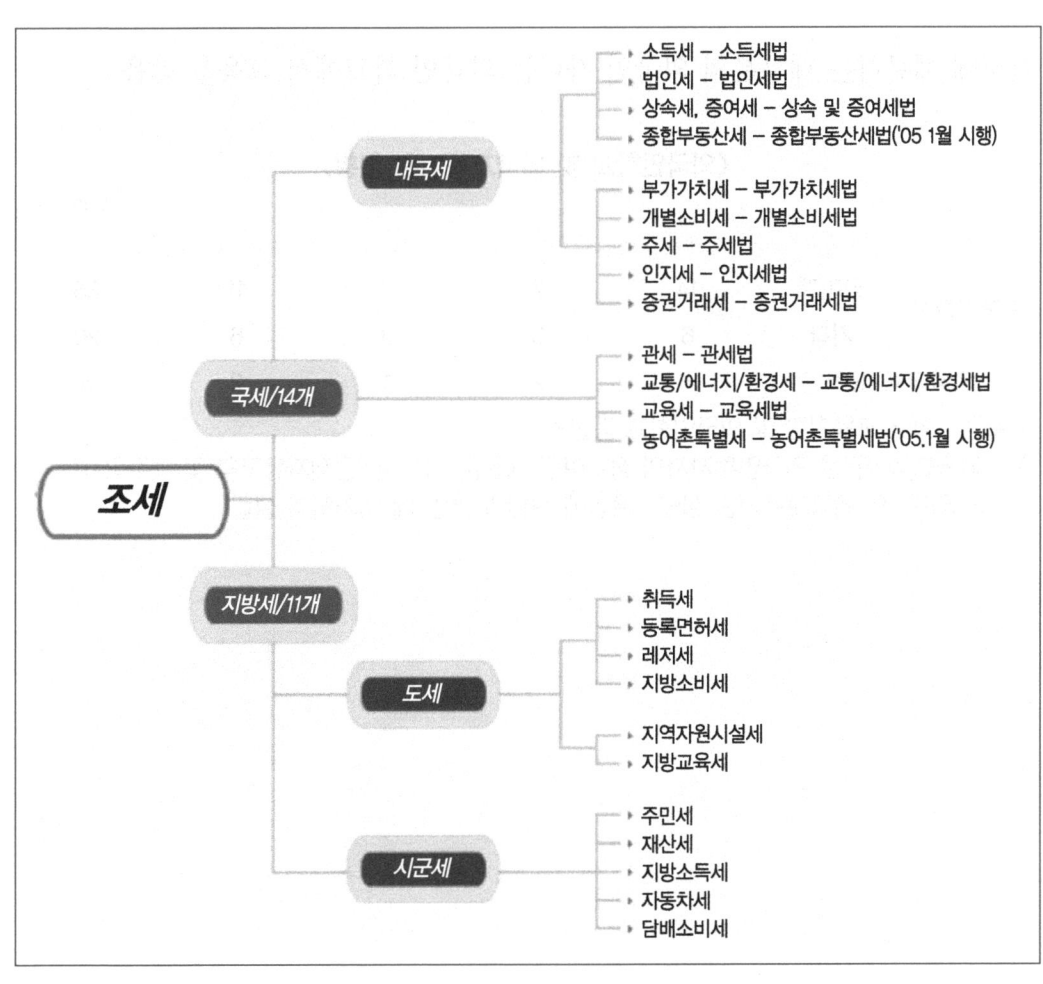

17. 인구 규모 및 GDP

■ 인구 (2014년 7월 현재)
- 약 51,448,183명으로 세계26위 (CIA 기준)

■ 2015 GDP
- 명목기준 : 1조 4,351억($) 세계11위 (2015 IMF 기준)
- 1인당 기준 : 2만 8,338($) 세계28위 (2015 IMF 기준)

18. 외국인 학교 및 의료서비스

■ 외국인 학교

한국에 체류하는 대부분의 외국인 자녀는 외국인 학교에서 교육을 받음

〈외국인학교 및 외국교육기관 현황〉

(단위 : 개)

교과과정		서울	경기·인천	부산	기타 지역	합계
외국인학교	영미계	14	7	3	11	35
	기타	8	3	3	6	20
외국교육기관*		-	2	1	2	5

자료원 : 외국 교육기관 및 외국인학교 종합안내
주 : 외국교육기관은 외국인투자자의 정주여건 개선을 위하여 「경제자유구역 및 제주국제자유도시의 외국교육기관 설립·운영에 관한 특별법」에 의거하여 설립

〈외국인학교 연간 수업료〉

(단위 : 원)

구분	서울외국인학교	한국켄트외국인학교
유치원	9,535,000+US$ 3,810 (US$ 9,146.1)	15,000,000 (US$ 14,388.2)
초등학교	19,060,000+US$ 8,260 (US$ 18,282.6)	15,700,000 (US$ 15,059.7)
중학교	19,060,000+US$ 9,080 (US$ 18,282.6)	16,500,000 (US$ 15,827.0)
고등학교	24,150,000+US$ 9,340 (US$ 23,160.0)	17,700,000 (US$ 16,978.1)

자료원 : 서울외국인학교, 한국켄트외국인학교

■ 의료체계

○ 한국병원에는 최신형의료장비가 갖춰져 있으며, 수준 높은 의료서비스를 제공. 거주 외국인수가 증가함에 따라 외국인들을 위한 의료서비스에 대한 수요가 더욱 많아졌고, 많은 병원들이 외국인 환자를 유치하기 위해 외국인 전용센터를 만드는 등 국제화된 서비스를 제공하기 위해 노력 중임

■ 의료서비스 현황

○ 현재 외국인진료가 가능한 종합병원은 전국적으로 38개임. 그 중 서울 시내에는 12개 병원이 있으며 24시간 외국인진료서비스를 지원하고 있음. 또한 서울외국인지원센터는 의료계에 종사하는 외국인자원봉사자가 외국인이 이용가능한 의료기간을 안내하는 24시간 의료연계서비스를 제공하고 있음

○ 영어 메디칼핫라인(응급전화시스템)을 서울대학교병원, 세브란스병원, 영동세브란스병원, 서울삼성의료원, 순천향대학교병원, 강남차병원 6개 병원에서 운영중

⟨ 외국인이 이용 가능한 병원(서울 기준) ⟩

병원명	웹사이트
서울대학교병원	www.snuh.org
순천향대학교병원	www.schuh.ac.kr
고려대학교안암병원	anam.kumc.or.kr
강남세브란스병원	gs.iseverance.com
경희의료원	www.khmc.or.kr
세브란스병원	www.severance.or.kr
서울삼성의료원	www.samsunghospital.com
강남차병원	kangnam.chamc.co.kr
서울아산병원	www.amc.seoul.kr
강남성모병원	www.cmckangnam.or.kr
자생한방병원	www.jaseng.co.kr
한양대학교국제병원	ih.hyumc.com
외국인노동자전용의원	www.mwhospital.com

자료원 : 외국인생활가이드

19. 주택

■ 주거의 편의성

○ 통계청 자료에 따르면 서울시에 가장 많은 외국인이 등록되어 있는 곳은 외국계기업 사무실이 밀집한 영등포구이고, 그 다음은 외국인근로자 고용이 많은 공단이 위치한 금천구, 구로구임. 그 외 대사관이 밀집한 한남동이나 프랑스마을·일본인마을 등이 조성된 지역에 외국인이 많이 거주하며, 이들 지역은 대형마트·백화점 등의 쇼핑 시설이나, 학교·병원 등의 주요 시설이 잘 갖추어져 있어 외국인이 생활하기에 불편함이 없음

■ 주거 관련 비용

○ 외국인들은 일반적으로 월세 형태를 선호하며, 외국인이 선호하는 지역의 임대비는 전반적으로 높은 편임

⟨ 외국인 주요거주지역의 임대비용(서울시 기준) ⟩

(단위 : 만 원)

행정구역 (시)	아파트(매물)		
	보증금	월세	중개수수료
관악구	300~30,000 (US$ 2,877.6~28,77604)	30~160 (US$ 287.8~1,534.7)	– 거래금액 x 상한요율 (0.3~0.5%) : 계산된 금액은 한도액인 20~30만원 (US$ 186~279.3) 을 초과할 수 없음 – 거래금액이 6억원 이상 (US$ 558,670) : 0.8% 이내에 서 중개의뢰인과 협의
용산구	한남동: 2,000~35,000 (US$ 18,622~93,112)	60~290 (US$ 575.5~2,781.7)	
	이태원: 2,000~20,000 (US$ 19,184.3~191,842.8)	50~700 (US$ 466~3,724)	
영등포구	2,000~40,000 (US$ 19,184.3~383,685.7)	20~250 (US$ 191.8~2,398.0)	
금천구	3,000~20,000 (US$ 28,776.4~191,842.8)	20~140 (US$ 191.8~1,342.9)	
강남구	1,000~70,000 (US$ 9,592.1~671,449.9)	100~450 (US$ 959.2~4,316.5)	

행정구역 (시)	오피스텔(시세)		
	보증금	월세	중개수수료
관악구	5,000~10,000 (US$ 47,960.7~95,921.4)	20~80 (US$ 191.8~767.4)	상한요율 0.9%이내에서 중개의 뢰인과 중개업자가 협의
용산구	1,000~20,000 (US$ 9,592.1~191,842.8)	75~250 (US$ 719.4~23.98)	
영등포구	500~20,000 (US$ 4,796.1~191,842.8)	40~120 (US$ 383.7~1,151.1)	
금천구	500~3,000 (US$ 4,796.1~28,776.4)	30~70 (US$ 287.8~671.4)	
강남구	1,000~10,000 (US$ 9,592.1~95,924.1)	50~400 (US$ 479.6~3,836.6)	

자료원 : 부동산 114, 온나라부동산정보포털, 네이버부동산
주 : 면적 기준범위 : 99~132m² (32평 = 105m²)

동 자료의 대부분은 KOTRA에서 발간한 「2014 외국인 투자가이드」 및 「아시아 주요국 투자환경 비교조사」에서 발췌함

2015 외국인투자상담 Q&A

초판 인쇄 2016년 04월 27일
초판 발행 2016년 05월 02일
저자 korta
발행인 김갑용
발행처 진한엠앤비
주소 서울시 서대문구 독립문로 14길 66 205호
     (냉천동 260, 동부센트레빌아파트상가동)
전화 02) 364 - 8491(대) / 팩스 02) 319 - 3537
홈페이지주소 http://www.jinhanbook.co.kr
등록번호 제25100-2016-000019호 (등록일자 : 1993년 05월 25일)
ⓒ2016 jinhan M&B INC, Printed in Korea

ISBN 979-11-7009-455-5 (93320)   [정 가 : 16,000원]

☞ 이 책에 담긴 내용의 무단 전재 및 복제 행위를 금합니다.
☞ 잘못 만들어진 책자는 구입처에서 교환해드립니다.
☞ 본 도서는 [공공데이터 제공 및 이용 활성화에 관한 법률]을 근거로
   출판되었습니다.